韓國의 漢詩 20
平民 漢詩選

韓國의 漢詩 20
平民 漢詩選
허경진 옮김

평민사

□ 머리말

　한국의 한시 총서 20권을 엮다 보니, 자연히 사대부 중심의 기획이 되었다. 허난설헌과 매창, 두 여류시인만 빼놓고는 거의 사대부인 셈이다. 손곡 이달이 서얼이었고, 사가(四家)라고 불려졌던 이덕무·유득공·박제가가 또한 서출이었지만, 그래도 양반의 핏줄이기에 평민은 아니었다.
　조선 중기까지만 해도 평민들은 시 지을 생각을 못했다. 자기에게 주어진 신역(身役)에 고달프다 보니, 글 지을 시간적·정신적·경제적 여유가 없었던 것이다. 임진왜란을 겪으면서 집권층 사대부들의 헛된 권위가 무력하게 무너지는 것을 보면서, 그들도 지금까지의 굴레에서 벗어나 인간답게 살 생각들을 했다. 그러한 노력이 여러 가지 형태로 시도되었는데, 그 가운데 하나가 양반 사대부의 전유물이었던 한시를 배우고 짓는 것이다.
　처음엔 몇 사람이 모여 지었지만 차츰 그 풍조가 퍼져, 나중엔 백여 명씩 모여 시를 짓기도 했다. 양반 사대부들도 그들의 세력을 인정할 정도가 되었다. 평민 시인들은 대부분 가난했기에 자신들의 시집을 간행할 수가 없었다. 그래서 후배 시인들이 같은 처지의 선배 평민시인들의 시를 수백 편씩 모아 시선집을 내주었다.
　1737년(정사년)에 역관 고시언이 엮어 간행한 《소대풍요》 9권이 그 처음이다. 그 뒤 한 갑자가 지난 정사년마다 그 속편을 간행했다. 즉 1797년엔 송석원(松石園) 동인들이 《풍요속선》 7권을 간행했고, 1857년엔 직하시사(稷下詩社)가 주선하여 《풍요삼선》 7권을 간행했다. 1917년에도 《풍요사선》을 편집하자는 움직임이 있었지만, 갑오경장 이후 계급제도가 없어졌다는 이유로 중지되었다.

올해에 아산문화재단으로부터 연구비를 지원받아 《한국평민한문학사》를 저술하면서, 몇백 편의 평민한시를 정리했었다. 이 《평민 한시선》은 그 자료 가운데 일부를 뽑아 우선 출간하는 것이다. 또 각 분야에서 다채롭게 살았던 평민들의 전기도 함께 정리해 보았다. 이 분야에 관심 있는 독자들은 《평민 열전》을 참조하면 도움될 것이다.

이번에 내는 《평민 한시선》은 주로 위의 세 가지 평민 한시선을 대본으로 하여 편집하고 번역한 것이다. 그러나 최기남·홍세태·조수삼 등 몇몇 시인들은 그들의 문집이 있기에, 그 문집을 참조하여 선역하였다.

이 책에 실린 시인들의 차례는 앞에 소개한 한시선의 차례를 그대로 따랐다. 단 개개의 작품 경우엔 출전이 여러 책이기에, 임의로 편집하였다.

1987년 초가을에
허경진

□ 증보판을 엮으면서

　《평민한문학사》를 쓰면서 평민들의 한시를 정리해온 지가 벌써 십년 가까이 되었다. 그 동안 10여 편의 짧은 논문들을 써서 올해 한 권의 책으로 묶어내었고, 그 과정에서 수백 편의 평민 한시들을 번역하였다. 이 가운데 몇십 편을 뽑아서 십년 전에 《평민 한시선》이라는 이름으로 엮어내었지만, 이들에 대한 연구를 계속하다 보니 홍세태, 정내교, 정민교, 조수삼 등의 작품에 관심이 많아져 따로 한 권의 책으로 묶어내기도 하였다. 이번의 증보판에서는 따로 묶어낸 이 시인들의 작품을 제외하고, 그 동안의 연구에서 발굴된 많은 작품들을 보완하였다.

　한문학은 임진왜란 이전까지 지배층의 문학이었다. 이들은 자연히 자기 계층의 사상과 감정을 노래하였으며, 자기 계층의 세계관과 관심사를 시로 읊었다. 민중의 아픔을 함께 괴로워한 일부 양심적인 시인들이 민중을 다루기는 했지만, 실제로 민중생활을 체험하지는 못한 관찰자의 입장이었을 뿐이다. 이들이 농민의 고달픔을 노래했다고 하더라도 실제로 농사를 지은 것은 아니다. 자신의 문제가 아니라 시적 자아의 감상이었을 뿐이다.

　평민한시의 가장 큰 특성이라면 민중의 생활을 체험하고 자기의 문제를 시로 읊었다는 점이다. 그들의 시에서는 활기차게 움직이는 서울 서민들의 삶이 사실적으로 그려져 있다. 조선시대의 삼정(三政)이었던 전세(田稅), 환곡(還穀), 군포(軍布)제도의 부조리에 대해서는 양심적인 사대부 지식인들도 그 문제점을 비판하였거니와, 평민 지식인들의 문제의식은 여기서 그치지 않았다. 신분제도에 얽매여 벼슬길이 제한되어 있다는 것이 그들의 가장 큰 문제였으며, 이에 따라서 경제적으로 그들의 생활은 고달팠고, 언제나 불평 불만에 가득 차 있을 수밖에 없었다. 송석원시사의 동인 차좌일은 "세세생생(世世生生)에 이 나라 사람으로 태어나길 바라지 않는다"고 부르짖으며 통곡했으니, 불만으로 가득 찬 이들의 생활체험은 사대부들의 피상적인 인식과는 본질적으로 달랐다. 그들이 이러한 문제를 시로 표현했기에 사대부들은 그들의 시가 "쓸쓸하다"거나 "처량하다"고 표현했다. 사대부들의 눈에 이처럼 부정적으로 보인 모습이 바로 그들이 지은 시의 첫째 특성이었다. 이러한 불만에서 지어진 시들이 쌓이면서 조선의 체제가 부조리하다는 것을 인식하게 되었고, 이렇게 인식하는 평민 지식인들이 모이면서 새로운 사회를 염원하게 되었던 것이다.

1996년 초봄에
허경진

차례 · 平民 漢詩選

□ 머리말/ 5
□ 증보판을 엮으면서/ 7

벌 나비도 지나지 않지만—홍유손 · 15
내 젊었을 적엔 · 16
떠돌아다니는 백성들의 탄식—어무적 · 17
벗에게—박계강 · 20
항우를 생각하며—정옥서 · 21
술잔을 놓고서 백대붕을 부르다—정치 · 23
불정대에 올라서—유희경 · 24
더 무엇을 구할 건가 · 25
가을밤 · 27
월계를 찾아가는 길에 · 28
매창을 그리워하며 · 29
피난 행차를 모시고 가다가 · 30
후배 최기남에게 · 31
이야기는 끝이 없어—조수성 · 32
나는 종놈이라오—백대붕 · 33
가을날— · 34
천한 몸이긴 하지만—문계박 · 35
길을 가면서—김복성 · 36
새벽길 · 37
구곡 선생의 서당—정남수 · 38
평생 배운 학문을 · 39
제 값 받길 기다려 · 40
심양에서 청음대감과 함께 · 41
한가로운 가운데 부질없이 짓다—최기남 · 42
초가집 하나로도 · 43
커다란 재목이지만 · 44

차례 · 平民 漢詩選

늙으신 어머님을 생각하며 • 45
두고 온 자식들을 생각하며 • 46
겨울날 찾아와 준 벗들에게 • 47
원망스러워요 • 48
달밤에 찾아온 두 손님 • 49
나의 죽음을 슬퍼하며 • 51
내의원에서 일직하며 수창록을 읽다가 • 53
취해서 읊다−남응침 • 54
늙은 소나무 • 55
제나라 제후의 무덤을 지나며−정예남 • 56
가난도 오히려 좋아라−김효일 • 58
북망산 바라보니 • 59
벽하담−최대립 • 60
죽은 아내를 그리워하며 • 61
극락암에서 잠 자며 • 62
법웅선사에게 부치다 • 63
글벗 최기남을 호남으로 떠나보내며 • 64
솔바람 소리−석희박 • 65
늘그막에야 시인들 모임에 몸을 맡기고−최승태 • 66
마음속 알아주는 벗은 옛부터 적었고 • 67
성현들은 구슬을 많이 품고도−정희교 • 68
김응하 장군의 죽음을 슬퍼하며−유찬홍 • 69
창애 · 구곡 두 시인을 생각하며 • 71
봉과 기러기−이만형 • 72
단검 노래−이득원 • 73
호산관에서 • 75
거지를 보면서 • 76
가을밤 혼자 앉아서 • 78
남대문 다락에 쓰다−임득충 • 79

차례·平民 漢詩選

가을밤은 길기도 해라─김부현 · 80
사육신 사당─정창해 · 82
성 위에 올라─김만최 · 83
아우를 그냥 보내려니 · 84
가을밤─장만건 · 85
추자도에서─김창진 · 86
겨울은 괴로워─석세형 · 87
송도를 지나며─최태용 · 88
그만 돌아가야겠네─전만종 · 89
잡초─이수익 · 90
혼자 술을 마시며─최북 · 91
호적에 이름도 없어─정봉 · 92
땔나무를 팔며─나무꾼 정씨 · 93
술의 공로─최정상 · 94
봄날의 흥─박영석 · 96
그림을 보며─임광택 · 97
오랜 가뭄에 느낌이 있어 · 98
문집 발간하기를 삼가라 · 99
흉년 · 101
며느리의 언문 편지를 받고서 · 103
우연히 읊다─이덕함 · 105
짐군의 탄식─이양유 · 106
서울의 거리─이언진 · 108
이익과 명예─차좌일 · 113
시 짓는 모임에 참석지 못하고 · 114
추석날 몇이 모여서 · 115
살찌기를 바라지 않았네 · 116
발에 종기가 났다고 술을 끊으라기에 · 117
지세포를 지키면서 · 118

차례 · 平民 漢詩選

군대에 불려가던 날 ▪ 119
다들 도망간 마을 — 김낙서 ▪ 120
배를 채우려는 마음뿐 — 서경창 ▪ 121
미운 모리배들 ▪ 122
한가롭게 살면서 — 장혼 ▪ 123
옥경산방에 모여 차를 마시면서 ▪ 124
손님에게 ▪ 126
정원 벽에다 ▪ 127
나이를 더 먹으며 — 왕태 ▪ 128
광정에서 잠을 자다가 — 임득명 ▪ 131
모양관에서 잠을 자면서 ▪ 132
과부의 탄식 — 박윤묵 ▪ 133
죽은 글벗들을 그리워하며 ▪ 135
백성들의 쌀을 사들이며 ▪ 136
농사 노래 — 김희령 ▪ 137
손님이 왔네 — 이헌평 ▪ 141
시골 아이가 들오리를 잡아 왔길래 사서 놓아 주며 — 조희룡 ▪ 142
달아난 계집종 — 변종운 ▪ 144
두건도 바로 쓰지 않고 — 장욱 ▪ 146
금서사 글벗들을 다행스럽게 만나 — 최동익 ▪ 147
늦봄 — 김호 ▪ 148
금천 시냇물 서쪽에서 — 정수혁 ▪ 149
우연히 읊다 ▪ 150
느낀 대로 쓰다 — 위완규 ▪ 151
빨래 — 장지완 ▪ 152
정수동과 현기를 생각하며 ▪ 153
빗속에 산으로 놀러간 친구들에게 — 고진원 ▪ 154
유기의 시에 화운하여 장지완에게 보이다 — 임유 ▪ 156
가을 — 장효무 ▪ 157

차례 · 平民 漢詩選

고진원에게 — 유기 · 158
벼를 거두러 와서 — 정지윤 · 159
아기가 태어나며 · 160
봄이 지나가는 날 — 현기 · 161
한 해를 보내면서 당나라 시인의 시에 차운하다 · 162
소동파의 시에 차운하여 매은에게 보이다 · 163
정수동과 함께 · 164
수레에서 꿈결에 — 이상적 · 165
정수동이 중 되었다기에 · 166
오경석을 북경으로 보내면서 · 167
노량진 사육신 사당에서 — 유경원 · 169
그리움 — 김성희 · 170
달밤 — 김준희 · 171
제주도 망양정에서 — 강위 · 172
나가사끼로 가는 배에서 벼슬을 받고 · 173
그리운 사람들 — 김석준 · 174
나가사끼항에 이르러서 — 김득련 · 176
캐나다에서 기차를 타고 구천리를 가면서 · 177
러시아의 관병식을 보고 돌아와서 · 178
러시아에 파견된 젊은 외교관에게 · 179
러시아에 살면서 말과 글을 배워 · 180

부록
시정신에는 신분의 귀천이 없어 · 182
原詩題目 찾아보기 · 188

벌 나비도 지나지 않지만
― 홍유손

깊고 깊은 산속에
주인도 없는 꽃이 피어,
벌 나비도 거들떠보지 않고
한 번도 지나가지 않는구나.
꽃피우는 봄바람¹도
불다 이제 그치려는데,
푸른 잎새 그늘 곱게 이뤄졌으니
이제는 어찌할꺼나?

深復深山無主花. 等閑蜂蝶不曾過.
春風卄四吹將盡, 嬾綠陰成可奈何.

---

* 홍유손(洪裕孫, 1431-1529)의 자는 여경(餘慶)이고, 호는 소총(篠叢) 또는 광진자(狂眞子)이다. 남양 아전의 아들이었는데, 세조 때에 공생(貢生)으로 진사에 합격했으며 나이 구십에 죽었다.
1. 이십사번화신풍(二十四番花信風) : 24절기 가운데 소한(小寒)에서 곡우(穀雨)까지 부는 바람. 닷새만큼씩 새로운 바람이 부는데 그때마다 그 절기의 꽃이 차례로 핀다고 한다.

내 젊었을 적엔
― 홍유손

삼십 년 전에 넘치는 기운을 막을 수 없어
높은 산 큰 강에 즐겨 놀았지.
사방으로 달리는 길은 내 신에 들었고
만권의 옛 말씀도 내 가슴에 쌓였지.
자잘한 세상 일이야 어찌 나를 얽맸으랴,
한가로운 정취를 오직 시구에 담았네.
요즘처럼 뜻 못 이루고 늙어만 가니
고요한 방 하나에 깊이 들어앉고파라.

述懷

三十年前氣不禁. 高山大水喜登臨.
四方走路入雙屨, 萬卷古言儲寸心.
細事豈曾憂樂我, 閒情惟有短長吟.
如今坎壈兼衰老, 只欲靜居一室深.

떠돌아다니는 백성들의 탄식
— 어무적

백성들의 어려움이여!
백성들의 어려움이여!
흉년이라 너희는 먹을 것이 없구나.
나는 너희를 구제할 마음이 있지만
너희를 구제할 힘이 없구나.
백성들의 괴로움이여!
백성들의 괴로움이여!
추워도 너희는 이불이 없구나.
저들은 너희를 구제할 힘이 있지만
너희를 구제할 마음은 없다네.
바라건대 소인의 마음을 돌려
잠시 군자의 걱정을 하고,
잠시 군자의 귀를 빌려
백성들의 말을 들어보아라.
백성들이 말을 해도 나랏님께 들리지 않으니,
지금 세상의 백성들은 살 곳을 모두 잃었구나.
대궐에선 비록
백성을 걱정하는 조서가 내려오더라도,
말단 고을의 사또에게 이르러선
한낱 빈 종이조각이 돼버린다네.
서울의 벼슬아치를 파견하시어
백성들의 아픔을 묻게 하시려고,
역마를 타고 하루에

삼백리씩 달리며 돌아보게 하셨다지만,
우리네 백성들이야 힘이 있나요
문밖을 나서는 것조차 막혀 있으니,
어느 겨를에 얼굴을 맞대고
마음속에 맺힌 일들을 다 아뢰리까.
비록 각 고을마다
서울 벼슬아치가 하나씩 찾아오더라도,
그네들이야 들을 것 다 들을 만한 귀가 없구요
우리네들도 할말 다 할 입이 없다오.
그 옛날의 어진 사또
급장유를 다시 불러오는 것이 좋으리니,
죽지 않고 외롭게라도 남아 있으면
언젠가는 구제받을 날이 오리라.

流民嘆

蒼生難, 蒼生難, 年貧爾無食.
我有濟爾心, 而無濟爾力.
蒼生苦, 蒼生苦, 天寒爾無衾.
彼有濟爾力, 而無濟爾心.
願回小人服, 暫爲君子慮.
暫借君子耳, 試聽小民語.
小民有語君不知, 今歲蒼生皆失所.
北闕雖下憂民詔, 州縣傳看一虛紙.
特遣京官問民瘼, 馹騎日馳三百里.

吾民無力出門限, 何暇面陳心內事.
縱使一郡一京官, 京官無耳民無口.
不如喚起汲淮陽, 未死孑遺猶可救.

■
* 어무적(魚無迹)의 자는 잠부(潛夫)이고 호는 낭선(浪仙)이다. 아버지 어효량(魚孝良)은 사직 벼슬까지 한 양반이었지만 어머니가 천한 계집종이었기에, 그는 얼자(孼子)로 태어났다. 김해에서 살다가 관노(官奴) 신분에서 면천(免賤)하였다. 연산군 7년인 1501년에는 어지러운 나라를 바로잡기 위해서 상소하기도 하였지만, 묵살되었다. 김해 사또가 과실나무에까지 무리한 세금을 매기자 한 농부가 그 세금을 견디다 못해 도끼로 자기의 매화나무를 찍었는데, 어무적이 그 모습을 보고 한 편의 글을 지어 가혹한 정치를 신랄하게 풍자하였다. 사또가 뒤늦게 알고서 크게 노하여 그를 잡아들이게 하자, 그는 곧 다른 고을로 달아났다. 그러나 떠돌던 끝에 어느 역사(驛舍)에서 죽었다.

벗에게
— 박계강

꽃이 지니 봄도 저무는 걸 알겠고
항아리가 비었으니 술도 떨어진 걸 알겠네.
세월이 흰머릴 재촉하리니
옷 잡혀 술 사오길 아까워 말게.

贈人

花落知春暮, 樽空覺酒無.
光陰催白髮, 莫惜典衣沽.

* 박계강(朴繼姜)의 호는 시은(市隱)이다. 충암 김정과 시를 주고 받았다.

항우를 생각하며
— 정옥서

만인을 대적하는 법 배웠다지만
무엇을 이루었던가.
어지러운 천하에
팔 년 전쟁만 일으켰네.
홍문의 잔치가 끝나자[1]
계획 세웠던 신하는 흐느껴 울었고,
장막의 노래가 슬퍼
장사도 놀랐네.
달빛 어두운 늪가에서
오추마는 나아가지 않고,
바람 잔잔한 강물 위엔
노 젓는 소리도 없었네.
영웅이 한번 칼 뽑아
천추에 피를 흘리니,
차가운 물결이 되어
밤낮으로 우는구나.

---

* 중세에 정옥서(鄭玉瑞)가 문장으로 이름났다. 당시의 많은 사대부들이 그를 만날 때에 얼굴빛을 가다듬었으며, 천한 노예로 여기지 않았다. — 어우 유몽인
1. 40만 대군을 거느린 항우와 10만을 거느린 유방이 홍문(지금의 섬서성 임동현)에서 만나 잔치를 벌였다. 항우의 부하 범증이 유방을 죽이려고 항장에게 칼춤을 추게 했다. 틈을 보아 유방을 찔러 죽이려고 한 것이다. 그러나 항백이 역시 일어나 춤을 추면서 자기 몸으로 유방을 지켜 주었고, 번쾌가 칼을 차고 들어와 유방을 구출해 냈다.

烏江懷古

學敵萬人何所成．紛紛天下八年兵．
鴻門宴罷謀臣泣，玉帳歌悲壯士驚．
月黑澤中騅不逝，風殘江上櫓無聲．
英雄一劍千秋血，化作寒波日夜鳴．

술잔을 놓고서 백대붕을 부르다
— 정치

전세에 내 몸은 스님이었기에
이 세상 명예·이익을 바람 앞에 등불처럼 본다네.
마음속으로 사랑하는 건 맑은 술이니
어느 하룬들 잊었으랴 나의 벗 백대붕.
한말 술을 고을과 바꾸는 건 정말 못난이 짓,
석 잔 술로 도를 통하는 게 바로 진리라네.[1]
북망산에 있는 무덤들을 그대는 아는가
뼈가 부서지고 이끼 덮이면 술 마실 벗도 없다네.

對酒招白萬里

我也前身過去僧. 世間名利視風燈.
中心愛矣靑從事, 何日忘之白大鵬.
一斗換州誠小點, 三杯通道是多能.
邙山有塚君知否, 粉骨生苔無醉朋.

---

* 정치(鄭致)의 자는 가원(可遠)이고 호는 늑헌(櫟軒)이다. 선조가 그의 글재주 소문을 듣고서, 특별히 내수사의 별좌에 임명하였다.
1. 이백(李白)의 월하독작시(月下獨酌詩)에서, "석 잔 술이면 커다란 도에 통하고, 한 말 술이면 자연에 합일한다"고 하였다.

불정대에 올라서
— 유희경

맑은 가을날 찾아온 나그네와
커다란 붕새에[1] 올라타고서,
푸른 구름 그 너머로
곧바로 날아 올랐네.
금강산 일만 이천봉
열흘 남짓에 다 돌아보고,
동해 바다로 돌아들어
울릉도까지 가볼꺼나.

佛頂臺別徐佐郎

有客淸秋跨大鵬. 飄然直上碧雲層.
一旬踏盡金剛界, 還向東溟過鬱陵.

* 유희경(劉希慶 1545−1636)의 자는 응길(應吉)이고 호는 촌은(村隱)이다. 남언경에게 예법을 배운 뒤에, 상갓집에 불려 다니면서 상복을 만들며 살았다. 백대붕을 비롯한 노예 출신의 시인들이 그와 함께 어울리며 시를 지었으므로, 풍월향도(風月香徒)라고 불렸다. 박순에게 당시를 배우면서 사대부 시인들과도 사귀게 되어, 경복궁 북쪽에 있던 그의 집 침류대에는 차천로, 이수광, 신흠, 임숙영 등의 사대부 시인들이 모여들어 시를 지었다. 《촌은집》이 전한다.
** 이때 백대붕이 따라갔었다. (원주)
1. <장자>에 나오는 큰 새인데, 한번에 구만리를 날아오른다고 한다. 물론 이 시에선 함께 놀러간 노예시인 백대붕을 가리키는 말이기도 하다.

더 무엇을 구할 건가
— 유희경

문밖엔 찾아오는 이 없어
낙엽만 가득 쌓였고
창밖엔 기다란 대나무가
푸르스름 그늘을 드리웠네.
한가로운 서재에서 하루종일
향을 피우고 앉아서,
손에 당시(唐詩)를 잡고
나 혼자 읊어 보네.

次鄭孝純韻

門巷寥寥落葉深. 隔窓脩竹翠陰陰.
閑齋盡日燒香坐, 手把唐詩獨自吟.

십 년 동안이나 골짜기와 산속을 찾아
떠돌며 노닐다 보니,
어느새 봄 석 달이 지나
또 가을이 찾아왔네.
옷 한 벌에 밥 한 그릇도
모두 하늘이 내리셨거든
내게 주어진 분수밖에
또 무엇을 구할 건가.

十載溪山放浪遊. 三春過盡又三秋.
一衣一食皆天命, 何必區區分外求.

가을밤
— 유희경

가을 하늘에서 흰 이슬이 내려
산속에 계수나무 꽃이 활짝 피었네.
가장 높은 가지를 꺾어 들고서
밝은 달을 벗삼아 돌아왔다네.

秋夜

白露下秋空, 山中桂花發.
折得最高枝, 歸來伴明月.

월계를 찾아가는 길에
― 유희경

산에 비가 내리려는지
물안개가 피어오르고
푸른 풀 우거진 호숫가에는
해오라기가 잠들었네.
해당화 아래쪽으로
길이 꺾어들면서
휘두르는 말채찍에
가지에 얹힌 눈이 떨어지네.

月溪途中

山含雨氣水生烟. 靑草湖邊白鷺眠.
路入海棠花下轉, 滿枝香雪落揮鞭.

매창을 그리워하며
— 유희경

그대의 집은 부안에 있고
나의 집은 서울에 있어
서로 그리워해도 만나질 못하고
오동잎에 비 떨어지면 애가 탄다오.

懷癸娘

娘家在浪州, 我家住京口.
相思不相見, 腸斷梧桐雨.

■
* 부안 기생 매창(梅窓. 1573–1610)이 계유년에 태어났으므로 계생(癸生), 또는 계랑(癸娘)이라고도 불렀다.

피난 행차를 모시고 가다가
— 유희경

나랏님의 행차가 신계현에 머물렀는데,
싸움에 이겼단 소식 아뢰는 걸 들었네.
쫓아오는 병사는 삼만도 채 안 되고
적의 목을 베기는 구천이 넘었다지.
장안 거리에는 사람들 다시 모여들고
남녘 지방에는 왜적들 차츰 드물어지니,
나라 다시 일으킬 날도 멀지가 않아
기뻐 흘리는 눈물이 옷자락을 적시네.

扈衛新溪縣聞捷報喜而賦之

鳳駕駐新溪, 仍聞報捷書.
追兵三萬未, 斬馘九千餘.
洛下人還集, 南中賊漸踈.
中興應不遠, 喜淚自沾裾.

후배 최기남에게
— 유희경

시냇가를 거닐면서
꽃송이를 꺾어 모았지.
성품이 게을러
여지껏 세상과 어긋났었지.
아흔 날 봄철도
이젠 거의 저물었는지,
뜨락에 가득 꽃비가 내려
노을 속에 반짝이네.

次崔英叔奇男韻

溪邊散步採芳菲. 懶性從來與世違.
九十韶光今已晚, 滿庭花雨映斜暉.

이야기는 끝이 없어
― 조수성

하늘 끝을 떠돌아다닌 지 몇 해나 되었던가
평안도에 와서야 그댈 다시 만났네.
평생 지난 이야기 하룻밤으론 다할 수 없으니
술잔 잡았는데 닭소리 들린들 어떠랴.

次鄭可遠韻

漂泊天涯今幾載. 再逢靑眼是關西.
一宵難盡平生語, 把酒如何更聽雞.

■
* 조수성(曺守誠)의 자는 일지(一之)인데, 내수사 별좌이다.

나는 종놈이라오
― 백대붕

술에 취해 수유꽃 꽂고
혼자 즐기다가,
산에 가득 밝은 달빛 물드니
빈 술병 베고서 누웠다네.
길 가던 사람들아, 무엇하는 놈인가
묻지를 마소.
티끌 세상에서 세어진 머리
전함사의 종놈이라오.

醉吟

醉挿茱萸獨自娛. 滿山明月枕空壺.
旁人莫問何爲者, 白首風塵典艦奴.

■
* 백대붕(白大鵬)의 자는 만리(萬里)인데, 임천 사람이다. 군함과 수운을 맡은 전함사의 노예로 거의 평생을 보내었다. 허성이 1590년에 서장관으로 일본에 가면서 그를 데려갔으며, 궁궐의 열쇠와 왕명의 전달을 책임맡은 액정서의 사약까지 올랐다. 임진왜란이 일어나자 순변사 이일이 "백대붕이 왜놈들의 실태를 잘 안다"고 하며 억지로 끌고 나가는 바람에, 상주 싸움에서 죽었다. 유희경과 함께 "풍월향도"라고 불렸다.

가을날
— 백대붕

가을 하늘에 엷은 그늘이 끼면서
화악산에도 뉘엿뉘엿 그림자 지네.
한 떨기 국화꽃은 타향살이 내 눈물이고
외로운 등불은 오늘 밤 내 마음일세.
날아다니던 반딧불은 잡초 속에 숨고
성긴 빗방울이 숲에 떨어지는데,
벗 그리워 잠도 못 이루는 밤
이름 모를 산새가 창밖에서 우는구나.

秋日

秋天生薄陰, 華嶽影沈沈.
叢菊他鄕淚, 孤燈此夜心.
流螢隱亂草, 疎雨落長林.
懷侶不能寐, 隔窓啼怪禽.

천한 몸이긴 하지만
— 문계박

동 서 남 북 모두들
잘 아는 이들이건만
벗 사귀는 도리가 언제부터
이다지도 바뀌었단 말인가.
벼슬이나 녹봉 따위엔
반 세상 살도록 아무 욕심 없었지만
그래도 나라 걱정하는 마음만은 있기에
사내의 눈물 길게 흘리네.

題贈鄭可遠

東西南北盡相知. 交道何曾有變移.
半世無心營爵祿, 只緣憂國淚長垂.

* 문계박(文繼朴)의 자는 덕윤(德胤)인데 진사이다.

길을 가면서
— 김복성

스러지는 노을 속에 마을은 멀기만 한데
산 그림자 따라서 나귀는 절면서 걷네.
가파른 산길을 혼자 돌아오노라니
강과 하늘 보이는 곳엔 눈보라 가득해라.

石城途中

殘照一村遠, 寒驢山影邊.
崎嶇獨歸路, 風雲滿江村.

새벽길
— 김복성

닭울음소리에 나그네 일어나 보니
멀리 주막에 불빛 어슴푸레해라.
밤이 차가와 시구를 읊조리는 새
고드름이 수염에 달라붙었구나.

曉行

鷄鳴山客起, 遠店火微明.
夜冷苦思句, 氷粘髭有聲.

구곡 선생의 서당
— 정남수

시끄러움 물리치고 구곡에 묻혀 살며
풀뿌리 씹을망정 가난을 즐기시네.
글솜씨는 한 세상의 으뜸이라 추켜지고
천년에 드문 도심(道心)은 참된 근원을 아신다네.
강을 마치신 뒤엔 높직이 누우시고
예를 실습하다 다들 돌아가면 혼자 문을 닫으시네.
지극한 이치야 그대들 헤아려 스스로 터득할 게지,
잘살런지 못살런지 하늘에 대고 묻지는 말라셨지.

次龜谷居士學堂韻 · 1

潛居龜谷謝紛喧, 淡泊安貧嚼菜根.
句法一時推絶調, 道心千載識眞源.
皐此講罷還高臥, 綿蕝歸人獨掩門.
至理料君應自得, 莫將窮達問乾坤.

---

* 정남수(鄭柟壽)의 자는 자구(子久)이고 호는 행림(杏林) 또는 행촌(杏村)이다. 풍월향도였던 정치의 아들로, 1606년 의과에 급제하여 내의원정(內醫院正)까지 올랐다. 1636년에 소현세자와 봉림대군을 따라 청나라 심양까지 잡혀갔다. 그가 엮었다는 《행림시고》는 전하지 않는다.
* 구곡은 정남수의 선배인 최기남의 호이다. 이들은 <육가잡영>(六家雜詠)의 동인이기도 한데, 최기남은 자기 집에서 평민들에게 글을 가르쳤다.

평생 배운 학문을
― 정남수

가난 귀신이 따라다녀 온갖 계획이 쓸데없고,
약한 몸에 병까지 들어 더욱 파리해졌네.
죽고 사는 거야 명이 있으니 어찌 걱정하랴,
영화와 몰락도 덧없으니 어찌 불공평하랴.
때때로 막걸리가 생기면 혼자 마시고
우연히 시구가 생각나면 남의 글이나 지어 주네.
평생 배운 학문을 끝내 어디에 써먹으랴,
붉은 마음만 꿋꿋이 품고 살아간다오.

漫興

窮鬼侵凌百計稽, 身嬰衰病任羸瘵.
死生有命何須慮, 榮落無常奈不齊.
時得濁醪還獨酌, 偶思詩句倩人題.
平生學力終何用, 惟抱丹心斷斷兮.

제 값 받길 기다려
― 정남수

구슬이 있네, 구슬이 있네.
궤짝에 넣어 감추어 두었네
많이 있는 것도 아니니
제 값 받길 기다려 팔아야겠네.[1]

次雲谷處士寄韻

有玉有玉, 韞而櫝而.
不須三也, 待價沽之.

■
1. 자공이 말했다.
 "여기 아름다운 옥이 있는데, 이것을 함 속에 감춰 두어야겠습니까? 아니면 적당한 값에 팔아야겠습니까?"
 공자가 말했다.
 "팔아야지! 팔아야지! 나는 좋은 값에 팔리기를 기다리고 있다."-《논어》< 자한(子罕)>

심양에서 청음대감과 함께
― 정남수

오랑캐 땅에 몸 맡긴 지
벌써 한 해가 지났으니,
평생 배운 충성과 신의를
행하기 어려워라.
머리 들어 동쪽을 바라봐도
고향 돌아갈 길은 없어,
죽고 살기를 서로 의지한 채
눈물만 절로 흘러 내리네.

潘舘伏次金相淸陰大爺韻

寄跡西河歲已更. 平生忠信也難行.
擧頭東望無歸路, 生死相依淚自傾.

---

* 1637년에 병자호란이 끝나자 소현세자와 봉림대군이 청나라 심양에 인질로 끌려갔다. 정남수는 의관(醫官)으로 따라갔으며, 끝내 청나라에 항복하지 말자던 청음 김상헌도 포로로 끌려갔다.

한가로운 가운데 부질없이 짓다
— 최기남

게으른 혜강처럼 사람도 사귀지 않고
미친 완적처럼 예법도 소홀히 여겼네.
영욕은 이 몸 밖의 일이라서 관계치 않고
한낮 나무그늘 아래 평상에 앉았네.

閑中謾吟

交遊已絶嵇康懶, 禮法全疎阮籍狂.
榮辱不關身外事, 綠陰長晝坐匡床.

■
* 최기남(崔奇男, 1586–1669)의 자는 영숙(英叔)이고, 호는 구곡(龜谷) 또는 묵헌(默軒)이다. 젊은 시절에 집이 너무 가난해서 선조의 부마인 동양위(東陽慰) 신익성(申翊聖 1588–1644)의 궁노(宮奴)로 들어갔다. 일하는 틈틈이 글을 배운 뒤에 서당을 열어 평민 자제들을 가르쳤다. 그가 정남수, 남응침, 정예남, 김효일, 최대립 등의 동인들과 주고 받은 시들을 모은 것이 《육가잡영(六家雜詠)》이며, 그의 문집 《구곡집》이 따로 전한다.

초가집 하나로도
― 최기남

초가집 하나로도 내 몸 가리기 넉넉하고
샘물 맑아서 길어 먹기 좋구나.
어디서 새 우는지 알 수 없지만
아름다운 울음소리 때때로 들려오네.
눕건 일어나건 아무런 속박 없고
참에 맡겨 살다 보니 벼슬도 잊어버려,
집 앞에 찾아오는 손님도 없고 보니
한가롭게 지내느라고 그윽한 뜻만 깊어가네.

閑中用陶潛韻

茅茨足庇身, 井泉淸可斟.
不知鳥鳴處, 時時聞好音.
臥起無束縛, 任眞忘冠簪.
不問門前客, 宴居幽意深.

커다란 재목이지만
— 최기남

커다란 재목이지만 속이 텅 비인 채로
꽉 막힌 인생길을 세상 돌아가는 대로 내맡겼네.
외롭고 분한 마음으로 쌍검을 바라보고
그윽한 마음속은 낡은 거문고에 실어 얹었네.
대숲 바람이 저녁들며 서늘해지고
시냇가에 비 내려 그늘 더욱 짙어지는데,
같은 병 앓는다고 가엾게 여기지 않는다면
그 누가 여기까지 찾아와 줄거나.

玉湖書屋次韻

大材空濩落, 窮路任浮沈.
孤憤看雙劍, 幽懷托古琴.
竹風生晚爽, 溪雨釀重陰.
不是憐同病, 誰能到此尋.

늙으신 어머님을 생각하며
— 최기남

어머님이여, 일흔이나 되신 어머님이여!
날 낳고 기르시느라 늘 괴로움만 겪으셨네.
슬플사, 늘그막엔 지아비까지 잃으시어
피땀 흘리시며 물 긷고 나무하셨네.
멀리 떠도느라고 입에 맞는 음식 한번 올리지 못했으니
이 몸이 백이라도 그 허물 갚기 어려워라.
아아! 두 번째 노래를 미처 다 못 불렀건만
지는 해에 외로운 구름만 아득히 떠가네.

久滯溫泉擬杜工部同谷七歌 · 2

有母有母年七旬, 生我育我長苦辛.
哀哉暮年失所天, 血指汗顔躬水薪.
遠遊未奉甘旨歡, 悠咎難贖以百身.
嗚呼二歌兮歌未了, 落日孤雲動縹緲.

두고 온 자식들을 생각하며
— 최기남

자식들아! 아직도 어린 내 자식들아!
어미가 없다고 일찍 죽을까봐 늘 걱정된단다.
재주가 있고 없고를 어찌 따지랴
몸 건강히 자라는 것만 밤낮 빈단다.
아비 때문에 춥고 굶주리는 너희들
생각할수록 걱정만 깊어가누나.
아아! 네 번째 노래가 울음소리 같으니
옆 사람들도 말 못하고 같이 슬퍼하네.

久滯溫泉擬杜工部同谷七歌 · 4

有子有子各稚小, 念汝無母恐致夭.
才與不才那可論, 只祈成長期昏曉.
爲父不能免寒餒, 思之令我憂悄悄.
嗚呼四歌兮歌聲咽, 左右無言慘不悅.

겨울날 찾아와 준 벗들에게
— 최기남

얼어붙은 길에 술병 차고서
쓸쓸한 바닷가로 찾아와 주었구려.
술잔 앞에서 한바탕 서로 웃어 대니
눈 속에서도 봄날이 되었구려.
오늘 이 자리에서 좋은 모임 이뤄지니
풍류가 바로 여러분들에게 있다오.
하늘의 별자리가 움직인 걸 알겠으니
글과 술 차려놓고 반가운 손님네만 모였구려.

謝林子昭俊元與友來訪

凍路携家釀, 來尋寂寞濱.
樽前一相笑, 雪裏便生春.
勝事逢今日, 風流有此人.
應知星象動, 文酒會佳賓.

■
 * 자신의 제자인 임준원과 그의 친구가 찾아오자 이 시를 지었다.

원망스러워요
— 최기남

내 가진 이 거울 하나
님께서 주시던 날 생각나네요.
님은 가버리고 이젠 거울만 남아
다시는 내 얼굴 비추지 않겠어요.

怨詞

妾有菱花鏡, 憶君初贈時.
君歸鏡空在, 不復照蛾眉.

달밤에 찾아온 두 손님
— 최기남

달밤에 문 두드리는 소리가 들려
열고 내다보니 두 손님이 찾아왔네.
손님을 문안으로 맞아들여서
달빛 깔린 맨 땅에 마주 앉았네.
이름이 무어냐고 물을 틈도 없이
서로 바라보며 빙그레 웃었지.
밝은 달이 손님을 붙들어 앉혀
무릎을 맞대니 맑은 달빛이 덮어 주었네.
달을 바라보며 이야기 즐겁게 나누다 보니
마음이 녹아져서 너 나를 잊었지.
집집마다 이 달이야 똑같겠건만
누구 집에 이런 일이 또 있을텐가.
은하수 기울고 달도 차츰 기울자
이야기도 다 되어 손님도 일어섰네.
밖에 나서서 손님을 보내노라니
영롱한 이슬이 옷소매를 적시는구나.
모였다 흩어진 게 너무나 빨라
꿈인지 생시인지 멍하기만 해라.
머리를 들어 푸른 하늘 바라보니
달빛은 아까 그대로일세.

謝二客月夜來訪

月下聞扣門, 開門二客至.
迎客入門內, 露坐月中地.
不暇問姓名, 相看一莞爾.
明月留客坐, 促膝清光邇.
對月縱談謔, 神融忘彼此.
家家同此月, 誰家有此事.
河傾月將斜, 語闌客亦起.
出門送歸客, 露彩沾衣袂.
聚散倏爾空, 惝恍如夢寐.
舉頭望青天, 月色依然是.

나의 죽음을 슬퍼하며
— 최기남

나의 나이 예순 셋이 되었는데, 몇 년 전부터 왼쪽 귀가 멀어서 소리를 제대로 알아듣지 못했다. 올해엔 오른쪽 팔에 병이 들어서 마음대로 굽히고 펴지를 못했다. 연달아 침을 맞고 뜸을 들였으며 또 약까지 먹었지만, 시원하게 낫지를 않았다. 기력이 차츰 줄어드는 것을 느끼고 보니, 생·로·병·사라는 말도 거짓이 아님을 알겠다. 신음하던 중에 우연히 ≪정절집≫(靖節集)[1]을 펼치다가 〈자만〉(自挽)편을 보고는 서글픈 생각이 들었다. 그래서 붓을 들고는 그 운에 따라서 나의 느낌을 적었다.

조화에 따라 죽음으로 돌아가니
육십 평생을 어찌 짧다 하랴.
스승과 벗들을 잃게 되고
이름 남길 만큼 좋은 일 못한 것만 한스러워라.
혼백은 흩어져서 어디로 가나,
무덤 앞 나무에선 바람이 울부짖겠지.
세상 사는 동안 아름다운 시 못 남겼으니
그 누가 곡하며 내 죽음 슬퍼하랴.
아내와 자식놈들이야 운다고 하겠지만
어두운 땅속에서 내 어찌 들으랴.
귀한 자의 영화도 돌아보지 않았거든

■
1. 진(晉)나라 시인 도연명(陶淵明)의 문집이다.

천한 자의 치욕을 내 어찌 알랴.
푸른 산 흰 구름 속에
돌아가 누우면 부족함도 없으리라.

和陶靖節自挽詩 三章·1

乘化會歸盡, 六十敢言促.
但恨失師友, 無善可以錄.
游魂散何之, 風號墓前木.
在世無賞音, 吊我有誰哭.
縱有妻兒啼, 冥冥我何覺.
不省貴者榮, 焉知賤者辱.
靑山白雲中, 歸臥無不足.

내의원에서 일직하며 수창록을 읽다가
— 남응침

난국(蘭局)에 봄날이 돌아와 낮도 길어졌기에
한가롭게 두루마리 펼쳐 옛시를 들여다보았네.
주고 받은 시들이 본래부터 자랑하려던 것은 아니지만
이제 남은 시들은 가슴속을 털어놓은 시들일세.
행선(杏仙)의[1] 아름다운 구절은 더욱 맑고 굳세졌으며
주은(酒隱)의 새 시편들은 더욱 기이해졌네.
동곽노부(東郭老夫)가 장한 절조를 꺾었으니
문단에서도 이제부턴 항복의 깃발을 내세우리.

直中題酬唱錄

春回蘭局日初遲, 閑展雲牋閱舊詩.
酬唱本非誇勝事, 分留只是寓襟期.
杏仙佳句尤淸健, 酒隱新編更絶奇.
東郭老夫摧壯節, 騷壇從此竪降旗.

■
1. 함께 내의원에서 일했던 정남수를 가리킨다. 그의 호가 행림(杏林), 또는 행선(杏仙)이다.

취해서 읊다
— 남응침

나에게 오래된 칼 하나 있고
또 석 자 되는 거문고가 있건만,
구름이 아직 일어나지 않아
이무기가 갑 속에서만 울고 있네.
종자기[1]가 이미 죽었으니
천고에 마음을 알아주는 이가 없어,
우주 사이에서 길게 읊조리며
백년 마음을 그만 저버리네.

醉吟

我有一古劍, 又有三尺琴.
燕雲未唾手, 匣裏蛟龍吟.
鍾期旣已沒, 千古少知音.
長嘯宇宙間, 孤負百年心.

---

* 남응침(南應琛)의 자는 자공(子貢)이고 호는 송파(松坡)이다. 1621년 의과에 급제하여 내의원정(內醫院正)까지 올랐다.
1. 춘추시대 초나라 음악가. 친구 백아(伯牙)의 거문고 소리를 듣고 그의 마음을 알았다. 종자기가 죽은 뒤로 자기의 거문고 소리를 알아들을 사람이 없다고, 백아는 거문고 줄을 끊어 버렸다.

늙은 소나무
— 남응침

구름도 뛰어넘을 모습이건만
어쩌다 한길 옆에 생겨났는지,
뿌리를 뻗으려도 자리를 못 얻어
비바람 서리를 몇년째 맞고 섰네.
병든 나뭇잎은 이제 시들어 떨어졌건만
늙은 가지는 아직도 높이 뻗어,
다행히 도끼에 찍히지는 않았지만
마룻대 대들보가 되지도 못했네.
하늘이 준 목숨은 거의 누릴 듯하니,
재목이 못 되었기에 다치지도 않았네.

古松

嗟爾凌雲恣, 如何生路傍.
托根未得所, 幾年經風霜.
病葉已凋殘, 老幹猶昂藏.
幸免斧斤侵, 顧非充棟樑.
庶可盡天年, 不才還無傷.

제나라 제후의 무덤을 지나며
— 정예남

우산은 아직도 헐벗겨 있고[1]
치수는 그 곁에 유유한데,
높다란 무덤이 서너 개 있어
이르길 옛날 제나라 제후의 것이라네.
경공과 환공, 그리고 선공
원침[2]이 낡았건만 고치질 않아,
소와 양들을 그 위에서 기르고
농사꾼들이 밭일을 하네.
옛날엔 천승[3]의 주인이었건만
지금에 와선 한낱 흙무더길세.
바람 맞으며 멍하니 오래도록 섰노라니
옛생각에 두 눈에서 눈물 흐르네.

∎

* 정예남(鄭禮男)의 자는 자화(子和)이고 호는 서주(西疇)이다. 1582년 의과에 급제하여 내의원정까지 올랐으며, 허준과 함께 《동의보감》을 편찬하였다. 동궁 때에 정예남에게 치료를 받았던 광해군이 임금 자리에 오르자, "예전부터 공로가 많다"고 하며 사헌부의 반대를 무릅쓰고 첨지중추부사 벼슬을 주었다.
1. 우산과 치수는 산동성 임치현(臨淄縣)에 있다. 산동성은 옛날 제나라의 땅이다. 《맹자》에 「우산의 나무가 일찌기 아름다웠지만, 큰 나라의 교외에 있으므로 도끼로 그 나무들을 찍어 대었으니 아름다와질 수가 있겠는가?…… 그래서 저렇게 빤빤한 것이다」라는 구절이 있다.
2. 능(陵) 곁에 세워서 제사에 사용하던 건물.
3. 옛날 중국에서 천자는 사방 천리의 영지를 가지고, 일만 대의 병거(兵車)를 징발할 수 있었다. 제후는 일천승의 병거를 징발할 수 있었다. 승(乘)은 수레를 세는 단위이다.

過齊侯墓

牛山尙濯濯, 淄水共悠悠.
高墳有三四, 云是古齊侯.
景公及桓宣, 園寢廢不修.
牛羊牧其上, 氓隷營田疇.
昔爲千乘主, 今來一堆丘.
臨風久佇立, 懷舊雯涕流.

가난도 오히려 좋아라
— 김효일

즐거움이 있으니 가난도 오히려 좋고
한가로움이 많으니 병도 또한 괜찮아라.
향불을 사르다 보니 봄비도 가늘어지고
시구를 찾다 보니 새벽 종소리 들려오네.
골목이 외지기에 길은 이끼로 덮였고
창이 비었기에 대나무로 울타리를 더했네.
명예와 이익을 따르는 저 사람들 우스워라,
세월이 다하도록 바쁘게 달리기만 하네.

漫興

樂在貧還好, 閒多病亦宜.
燒香春雨細, 覓句曉鐘遲.
巷僻苔封逕, 窓虛竹補籬.
笑他名利客, 終歲任驅馳.

----
* 김효일(金孝一)의 자는 행원(行源)이고 호는 국담(菊潭)이니, 금루관(禁漏官)이다.

북망산 바라보니
— 김효일

가버린 사람은 다시 생기지 못하고
남아 있는 사람도 날마다 늙어 가네.
북망산 바라보니
오래 된 무덤들은 소 다니는 길이 되었네.
백양나무 이파리엔 바람이 부딪쳐 울고
마른 뼈다귀엔 묵은 풀이 엉켰네.
귀한 사람도 천한 사람도 함께 흙으로 돌아가니,
누가 일찍 죽고 누가 오래 살았던가.
내 살아온 인생을 다시금 돌아보니
발그레하던 얼굴이 오래 가지 않았네.
신선들이 산다는 산은 어디쯤 있는 건지
구름과 물결만 아득해 보이지도 않는구나.
슬퍼하고 마음 아픈들 어찌할 건가
젊어 살았을 제 맘껏 즐기세나.

感興

往者不再作, 存者日以老.
試看北邙山, 古塚牛羊道.
白楊何蕭蕭, 枯骨纏宿草.
貴殘同歸土, 誰殤與誰考.
亦復觀吾生, 朱顔不長好.
何處有三山, 雲濤渺浩浩.
悲傷可奈何, 行樂須當早.

벽하담
— 최대립

폭포에 흩날리는 물방울로 건과 소매를 씻고
하늘 바람으로 머리카락을 빗질하노라니,
어떤 나그네가 구름으로 봇짐 꾸리고
가파른 산길을 가볍게 내려오네.
껄껄 웃으며 내게 읍하니
그대가 바로 갈홍이 아니신가.
단사(丹砂)를 만들라고 내게 말하며
책을 꺼내어 진결을 주었네.

碧霞潭洞

飛翠浴巾袖, 天風梳毛髮.
有客雲爲裝, 翩翩下巘嵼.
粲然揖余笑, 無乃舊姓葛.
道余營丹砂, 出書受眞訣.

■
* 최대립(崔大立)의 자는 수부(秀夫)이고 호는 창애(蒼厓)인데, 역관이다.

죽은 아내를 그리워하며
— 최대립

오리들 따뜻하게 잠들고 밤도 이미 깊었는데,
꿈만이 비인 집으로 돌아오니 베개와 병풍까지 모두 차갑네.
매화 끝가지에 조각달만 곱게 걸려 있으니,
아직도 그 옛날에 나눠 가진 거울처럼 보이는구나.

悼亡

睡鴨薰銷夜已闌. 夢回虛閣枕屛寒.
梅梢殘月娟娟在, 猶作當年破鏡看.

극락암에서 잠 자며
— 최대립

흰 눈이 솔문을 둘러싸니
천 봉우리에 외로운 종소리가 맑구나.
늙은 스님은 나이가 여든인데
밤새도록 전수받은 불법을 이야기하네.

宿極樂庵

白雪擁松扃, 千峰孤磬澄.
老僧年八十, 終夜話傳燈.

법웅선사에게 부치다
― 최대립

조그만 선방은 십홀 밖에 되지 않는데
불법이 칠조에게서 전해졌다네.
재계한 마음은 물처럼 항시 맑고
깨달은 불성은 달처럼 늘 둥글어라.
문은 천 봉우리를 마주보며 닫혀 있고
몸에는 장삼이 한 자락 걸쳐 있네.
하찮은 벼슬이 나를 얽어맸으니
어느 해가 되어야 불법을 물을 수 있으려나.

寄法雄禪師

十笏禪房小, 燈從七祖傳.
齋心水恒淨, 覺性月長圓.
門對千峰掩, 身披一衲穿.
微官是吾累, 問法定何年.

글벗 최기남을 호남으로 떠나보내며
— 최대립

오릉[1]의 갖옷 입고 말까지 타니,
산뜻한 그 모습 나는 듯하건만,
그 누가 남달리 밝은 눈으로
그대의 현명함을 알아주려나.
한 해가 저문다고 북풍은 불어오고
눈보라까지 거세게 몰아치는데
하늘 끝에서 오늘의 이별이여,
오란 데 없는 벗님네 가엾기만 해라.

送崔英叔遊湖右

五陵裘馬自翩翩. 隻眼誰能識汝賢.
歲暮北風吹雪急, 天涯此別故人憐.

■
1. 중국 장안 부근에 한나라 고제(高帝) 이하 다섯 황제의 능이 있는데, 이 근처에 번화한 거리가 있다.

솔바람 소리
— 석희박

술이 있어 내 스스로 마시고
시가 있어 내 스스로 읊조리네.
아득한 하늘과 땅 사이에서
어느 누가 이 마음 알아줄꺼나.
머리 흐뜨린 채 너털웃음 터뜨리다
자리에 앉아 솔바람 소리만 듣노라.

遣興

有酒吾自斟, 有詩吾自吟.
邈矣天地間, 誰人知此心.
散髮發大笑, 坐聽松風琴.

---

* 석희박(石希璞)의 자는 자성(子成)이고 호는 남천(南川)이다. 스무살 때에 병자호란을 만나 최명길을 따라 서기로 종군하였다는 기록을 보아, 1616년쯤에 태어난 듯하다. 그의 아들 석만재의 시와 함께 엮은 《남천두촌고(南川豆村稿)》는 현재 전하지 않는다.

늘그막에야 시인들 모임에 몸을 맡기고
— 최승태

마음속 알아주는 벗은 옛부터 적었고
영웅의 발자취도 저 혼자 외로웠지.
야박한 풍속 따라 이리저리 헤매이고
핍박받느라 위태로운 길 가기도 지쳤네.
늘그막에야 시인들 모임에 몸을 맡기고
때때로 술집 화로가를 찾아가네.
긴 바람이 만리 밖에서 불어오는데
발을 씻으며 강호에 노니네.

感懷用洪秀才韻

知己古來少, 英雄跡自孤.
伶俜隨薄俗, 偪側困危途.
晚托詩人社, 時尋酒肆壚.
長風吹萬里, 濯足戲江湖.

---

* 최승태(崔承太)의 자는 자소(子紹)이고 호는 설초(雪蕉)인데, 최기남의 아들이다. 형조의 아전이었던 듯한데, 《설초시집》이 전한다.

마음속 알아주는 벗은 옛부터 적었고
— 최승태

마음속 알아주는 벗은 옛부터 적었고
영웅의 발자취도 저 혼자 외로웠지.
야박한 풍속 따라 이러저리 헤매이고
핍박받느라 위태로운 길 가기에도 지쳤네.
늘그막에야 시인들 모임에 몸을 맡기고
때때로 술집 화로가를 찾아다니네.
긴 바람 만리 밖에서 불어오는데
발을 씻으며 강호에 노니네.

感懷用洪秀才韻

知己古來少, 英雄跡自孤.
伶俜隨薄俗, 偪側困危途.
晚托詩人社, 時尋酒肆壚.
長風吹萬里, 濯足戱江湖.

성현들은 구슬을 많이 품고도
― 정희교

소년 유협자들은
장안 저자 거리에 가까이 살아,
아침엔 칠귀(七貴) 문전에 나아가 놀고
저녁엔 오후(五侯) 댁을 거쳐 다니네.
성현들은 구슬을 많이 품고도
베옷을 입어 빛나지 않네.
명예와 이익 때문에 괴로워하지도 않고
위협과 무력 때문에 두려워하지도 않네.
그런데도 세상에선 변수(卞隨)·백이(伯夷)를 혼탁하다 하고
도척(盜跖)·장교(莊蹻)를 청렴하다고 하네.

擬古用李白韻 二首·2

少年遊俠子, 住近長安陌.
朝遊七貴門, 暮過五侯宅.
聖賢多懷玉, 被褐無燁爀.
名利不以疚, 威武不以惕.
曰溷是隨夷, 曰廉是蹻跖.

김응하 장군의 죽음을 슬퍼하며
— 유찬홍

죽어서도 오히려 잡은 활을 놓지 않고
노한 눈 부릅떠 충성을 생각케 했네.
그 용맹 참으로 삼군의 으뜸이니
살아서 항복한 두 장군[1] 부끄러워라.
돌아간 날 밤처럼 옛성에는 달이 밝고
전쟁터 피비린 바람이 가시지 않았기에,
지금도 요하를 지나는 나그네들이
버들 아래에 전사한[2] 영웅을 이야기하네.

哀金將軍用菊潭韻

旣死猶堅在握弓. 怒瞋如活想精忠.
眞能勇冠三軍士, 恥作生降兩摠戎.
古塞獨留歸後月, 陰山不斷戰時風.
至今行旅河邊路, 共說當年柳下雄.

■
* 유찬홍(庾纘洪 1628-1697)의 자는 술부(述夫)이고 호는 춘곡(春谷)이다. 산양 출신의 역관인데, 국기(國碁)로 이름이 났다.
** 1618년에 여진족 건주위가 반란을 일으키자 명나라에서 조선에 군사를 청하였는데, 선천군수로 있던 김응하(1580-1619)도 참전하였다가 장렬하게 전사하였다.
1. 참판 강홍립과 평안병사 김경서(김응서)가 각기 도원수와 부원수로 임명되어 조선군을 지휘하였는데, 싸움이 불리해지자 "임금의 밀지(密旨)가 있다"면서 오랑캐에게 항복하였다.
2. 아군이 전멸하였으므로 공이 홀로 손에는 활을 들고 허리에는 칼을 차고서, 버드나무 아래에 기대어서 활을 쏘았다. 화살이 헛나가지 않고 한꺼번에 여럿을 맞추니, 적의 시체가 무더기를 이루었다. 이때 공은 화살을 수없이 맞았지만, 두꺼운 갑옷을 입어서 뚫고 들어가지는 못하였다. 화살이 다 떨어지자 칼로 적을 치며 김홍립을 크게 꾸짖기를, "너희들이 목숨을 아껴 나라를 저버리고 서로 구원해 주지 않는구나" 하였다. 또 칼이 부러지자 빈 주먹으로 버티면서 열심히 싸웠는데, 이때 한 적군이 뒤에서 창을 던져서 드디어 땅에 엎어져 목숨이 끊어졌다. 그래도 오히려 칼자루를 놓지 않고 노기가 발발하니, 적군들이 서로 보기만 할 뿐 감히 앞으로 나아가지 못하였다.-김응하 장군 묘비.

창애·구곡 두 시인을 생각하며
— 유찬홍

문수·보현 우뚝 솟아 서로 바라보는데
그 위에 층대가 있어 높이가 만 길일세.
층대가 만 길이나 높아 올라갈 수 없으니
성 안 가까이서 서글피 바라보기만 하네.
설초(雪蕉) 시인의 〈화산편〉을 한번 읽고 나자
옛 굴이 완연히 눈 앞에 다가오네.
창애(蒼厓)·구곡(龜谷) 두 시인의 골격이 남 달랐으니
두 분이 화하여 가서 신선 되신 걸 알겠네.
신선은 늙지 않고 산은 오래 있으니
그 사이에서 서로 웃고 즐기네.
나도 두 노인 뒤를 따라 노닐기를 바라건만
한번 가신 뒤론 횅하니 비어 다시는 돌아오시질 않네.

題華山記興後

文殊普賢屹相向, 上有層臺高萬丈.
臺高萬丈不可攀, 城中咫尺空悵望.
一讀騷翁華山篇, 古窟宛然來眼前.
蒼厓龜谷骨格殊, 定知化去爲神仙.
神仙不老山長存, 相與笑傲於其間.
我願從遊二老後, 一去寥廓不復還.

■
1. 창애(蒼厓)는 위항시단의 선배인 최대립의 호이고, 구곡(龜谷)은 최기남의 호이다.

봉과 기러기
— 이만형

봉은 대나무숲 열매를 먹고
높이 날아 하늘에 노니는데,
시끌벅적 기러기 따오기 떼는
쌀과 기장 다투는 데만 뜻이 있다네.

戊戌記感

鳳食竹林實, 高飛遊太淸.
紛紛鴻鵠輩, 志在稻粱爭.

■
* 이만형(李萬馨)의 자는 군욱(君郁)인데, 창평 사람이다.

단검 노래
— 이득원

나에게 석 자 칼이 있어
풍호가[1] 그 날을 벼렸네.
칼자루에는 황금 고리를 둘러
흰 옥으로 만든 칼집 속에다 간직했네.
칼날에선 무지개 같은 정채가 빛나
높은 하늘 별자리에까지 곧바로 닿았네.
밤에 걸어 두면 늙은 용이 울부짖고
낮에 어루만지면 밝은 해도 차가워져,
갑자기 천둥 치고 빗줄기 뿌리다가
빈 산에선 귀신들이 울부짖네.
이 좋은 칼 가졌다지만 끝내 어디에 쓰랴
나랏님께 바치고 싶구나.
나랏님 찾아가는 길이 멀고 또한 막혔기에
길 한가운데서 헛되이 헤매기만 하네.
소원이 있으면서도 이룰 수가 없어
서글프게 길이 탄식만 하네.

∎
* 이득원(李得元 1639-1682)의 자는 사춘(士春)이고 호는 죽재(竹齋)인데, 완산 사람이다. 최기남의 제자로 낙사(洛社) 동인이었는데, 그의 사위 고시언이 《소대풍요》를 엮으면서 그의 시 33수를 실었다.
1. 춘추시대 사람인데, 초나라 소왕(昭王)을 섬겼다. 칼을 잘 만들고, 또한 식별도 잘하였다.

短劍篇

我有三尺劍，風胡鍊其斤．
藏之白玉匣，飾以黃金環．
精光吐虹霓，直上星斗間．
夜掛老龍吼，晝撫白日寒．
雷雨忽奔騰，鬼神號空山．
持此竟何用，吾欲獻天關．
天關邈且阻，中道空盤桓．
有願不可遂，喟然興永歎．

호산관에서
— 이득원

한밤중에 잠 못 이루고 앉아 있자니
떠돌아다니는 이 내 설움 더욱 새로워라.
가을 찬 기운은 낡은 객사에 스며들고
서늘한 바람에 대밭이 사각거리네.
평생 말을 달리며 무슨 일을 이루었던가
넓은 천지에 이 내 몸만 늙어버렸네.
칼집에는 쓸모 없는 칼자루만 남아
서로 바라보며 마음을 통하네.

壺山館次板上韻

不寐坐中夜, 自然離恨新.
秋陰生古館, 凉吹韻叢筠.
鞍馬成何事, 乾坤老此身.
空餘匣中劍, 脈脈獨相親.

거지를 보면서
— 이득원

양식을 동냥하러 다니는 자가
오늘 아침 내 집 문을 두드렸네.
먼 시골에서 떠돌다 들어와
서울 길거리에서 구걸하며 다녔다네.
가족과 헤어져 떠돈 지가 오래라고
〈행로난〉[1] 노래를 길게 불렀네.
들어보니 정말 감탄이 나와
굶주린 그 얼굴 슬프기만 해라.
나도 또한 고달프고 가난한 선비라서
독에는 남은 곡식 한톨 없으니,
아침저녁거리도 스스로 대지 못하는데
너의 급한 형편을 무엇으로 구하랴.
나라의 커다란 창고 곡식을 풀어서
배고픈 이들 위해 먹이고 싶건만,
옆사람은 나의 어리석음을 비웃기만 하고
내 측은한 마음은 알지도 못하누나.

■
1. 악부(樂府) 잡곡가사 이름인데, 세상 살아가기 어려움과 이별의 쓰라림을 노래하였다. 이백을 비롯한 많은 시인들이 〈행로난〉을 지었다.

觀乞者有感

客有化粮者, 今朝叩我關.
自言遠方來, 行乞京洛間.
流離已淹歲, 長歌行路難.
聞之爲感歎, 哀爾多飢顔.
余亦苦貧士, 甁中無遺粒.
朝夕不自給, 奚以救汝急.
欲發大倉粟, 特爲飢者食.
傍人笑我愚, 不知我心惻.

가을밤 혼자 앉아서
— 이득원

책과 칼을 배웠지만 끝내 어디에 쓰랴.
생각대로 안 되는 세상, 머리털만 희어지네.
시골로 돌아간대야 물려받은 논밭이 없어
남의 집을 빌어 몸을 내맡겼네.
병든 마음 가을되어 더욱 비감해지는데
귀뚜라미마저 밤들며 많이들 우는구나.
빈 창가에 시름겹게 앉았노라니
어느새 달도 지고 은하수마저 기울었네.

秋夜書懷

書劍終何用, 蹉跎髮欲華.
歸田無舊業, 寄跡賃人家.
病意秋偏感, 陰蟲夜更多.
虛窓愁坐久, 月落曙河斜.

남대문 다락에 쓰다
― 임득충

화려한 누각이 공중에 높이 솟아
올라가 바라보니 나는 새에 올라탄 듯해라.
평생 품은 큰 뜻을 이룰 길 없어
천지간에 홀로 누워 만리 바람만 쏘이네.

題崇禮門樓壁

畵閣岧嶢出半空. 登臨況若跨飛鴻.
平生壯志憑無地, 獨臥乾坤萬里風.

* 임득충(林得忠)은 무사인데, 용기와 힘으로 이름났다.

가을밤은 길기도 해라
— 김부현

팔월도 보름이라 달밤은 길기만 한데
시름 속에 말없이 높다란 집에 앉았네.
쓸쓸한 마루엔 발만 늘어뜨렸는데
그 가운데 등불 하나가 내 침상을 비추네.
창밖에선 때때로 반딧불이 날아들고
풀 속에선 수없이 쓰르라미가 우는데,
달빛마저 구름에 가리면서 비라도 내리려는지
우수수 오동나무에 바람 더욱 차가워라.
묻혀 사는 집[1]이 쓸쓸하고 물색마저 시들어
난초와 아가위 바랜 꽃빛이 더욱 애틋하구나.
청춘의 영화를 붙들 수 없으니
세월 흐르는 게 어찌 이리도 빠른가.
옛적엔 나도 얼굴 발그레한 젊은이였으니
서리 같은 흰머리를 어찌 기약이나 했을까.
사내로 태어나 쓰이지도 못하고 늙었으니,
때를 못 만났기에 내 뜻 못 편 게 가슴 아퍼라.
평생 기백을 한 자루 칼에 내맡겼고
늙어가도록 책도 가까이했건만,
이웃 소년들은 글자 하나 모르는데도
화려한 집에 편안히 살며 기름진 음식마저 먹기 싫다네.
보게나, 옛부터 도(道) 지닌 자는
가난한 동네에서 술찌게미 먹으며 많이들 살았다네.
인생이 잘살고 못사는 것이 다 이와 같으니

이런 이치 아득해서 어찌 다 알겠나.
가을밤 노래를 불러도 듣는 사람이 없으니
한잔 술로 시름겨운 속이나 풀어 보리라.

秋夜長

八月中秋夜正長. 愁人不語坐高堂.
高堂寂寞空簾閉, 中有一燈照我床.
窓外有時度流螢, 草間無數啼寒螿.
月黑雲沉雨氣垂, 高梧摵摵風更涼.
三徑蕭條物色殘, 可惜蘭杜凋綠芳.
靑春榮華不可保, 歲月如流何太忙.
伊昔我是朱顔子, 何期白髮今如霜.
男兒老去無所用, 坎軻落魄徒自傷.
平生志氣憑尺劍, 遲暮生涯對書囊.
南隣少年不解字, 安居華屋厭膏粱.
請看自古有道者, 多在蓬巷食糟糠.
人生窮達故如此, 此理悠悠安可詳.
無人聽我秋夜吟, 且盡一尊澆愁腸.

---

* 김부현(金富賢)의 자는 예경(禮卿)이고 호는 항동(巷東)이다. 광산 사람이며, 최기남의 외손자이다.
1. 한나라 장허(蔣詡)가 정원에 작은 길 셋을 만들고, 소나무·대나무·국화를 심었다.

사육신 사당
— 정창해

나그네여 〈자규사〉¹를 부르지 마소,
그 옛날 슬픔이 아직도 서렸다오.
오직 긴 밤 지새우던 육신의 눈물만 남아
노릉의² 송백 씻어내 가지가 없네.

六臣祠

行人莫唱子規詞. 此曲當年不盡悲.
惟有六臣長夜淚, 魯陵松栢灑無枝.

---

* 정창해(鄭昌海)의 자는 문약(文若)이고 호는 우은(愚隱)인데, 금루관(禁漏官)이다.
1. 단종이 영월로 귀양가 있을 때, 밤마다 매죽루(梅竹樓)에 올라가 앉아서, 사람을 시켜 피리를 불게 하였다. 그 소리가 멀리 있는 마을에까지 들렸다. 다락 아래서 근심에 싸여 〈자규사〉를 읊기도 했다. 「자규」는 소쩍새, 또는 접동새인데 촉(蜀)나라 망제(望帝)가 억울하게 죽은 뒤 그 넋이 두견새가 되었다고 한다.
2. 단종(端宗, 1441-1457)이 1455년에 숙부 수양대군에게 왕위를 빼앗기자, 사육신을 비롯한 신하들이 복위운동을 하다 실패하였다. 단종은 1457년에 노산군(魯山君)으로 강봉되어 영월로 추방되었으므로, 그의 무덤을 노릉(魯陵)이라고 했다.

성 위에 올라
— 김만최

성 위로 달이 마악 떠오르고
성 아래로는 천여 집 마을이 있네.
머언 등불에 사람은 뵈지 않건만
시끄러운 소리는 어둠 속에서도 들려오네.

登西城

城上月初出, 城下千家村.
遠燈人不見, 喧語暗中聞.

■
* 김만최(金萬最)의 자는 택보(澤甫)이고 호는 남곡(嵐谷)이니 광산 사람이다. 젊어서는 협객으로 이름을 날렸으며, 나이 들자 백악산 아래에다 서당을 열어 수백 명의 학생들을 가르쳤다.

아우를 그냥 보내려니
— 김만최

집이 가난해 술도 사기 어렵기에
그냥 보내려니 날씨마저 추워졌네.
성문을 나서면 눈이 깊게 쌓였을텐데
홑껍데기 옷 입은 너, 안타깝구나.

送族弟

家貧難沽酒, 相送天又寒.
西城深雪裏, 嗟爾衣裳單.

가을밤
— 장만건

홀로 서당에 나와 앉으니
가을바람에 귀뚜라미가 우는구나.
푸른 하늘엔 맑은 이슬이 내리고
처량한 달이 가득 뜨락을 비추네.
꿈이 깨고 나자 다시 새로운 근심 생기고
추위가 닥치자 묵은 병이 도지네.
가련한 이 내 몸은 차츰 늙어 가건만
마음은 여전히 소년이구나.

秋懷

獨坐書堂夜, 秋風蟋蟀鳴.
碧天淸露下, 凉月滿庭明.
夢斷新愁至, 寒侵舊病生.
可憐身漸老, 猶有少年情.

■
* 장만건(張萬健)의 자는 자유(子遊)이고 호는 청계(淸溪)이니, 한양 사람이다.

추자도에서
— 김창진

고려의 최영 장군 얘길 들으니
이곳에서 창 빗겨들고 오랑캐[1] 무찌를 다짐했다네.
지금껏 바다 건너 임금께 조공하니
옛날의 영웅이 공훈을 세움일세.
관사는 무너지고 깨어진 기왓장만 남았건만
정령은 계실진저, 향그런 술로 제사 드리네.
밀물머리 백마는 가을이라 자취 없고
장한 기운만 때때로 구름을 일으키네.

湫子島懷古

聞道前朝崔將軍. 橫戈此地誓消氛.
至今滄海全歸貢, 從古英雄竟樹勳.
官舍已頹餘破瓦, 精靈未泯酹芳樽.
潮頭白馬秋無跡, 壯氣時時作陣雲.

---

* 김창진(金昌震)의 자는 기보(起輔)이고 호는 묵헌(默軒)이다. 충주 출신인데, 마을 사람들을 많이 돌봐주었다.
1. 제주도에 와서 말을 기르던 원나라 목동들이 반란을 일으켰는데, 최영 장군이 토벌하였다.

겨울은 괴로워
— 석세형

겨울은 어찌 그리도 춥고 여름은 더운지
옅은 재주로는 하늘의 이치를 모르겠네.
가난뱅인 추위가 무섭고 더위는 무섭잖아,
아무리 더워도 칡베 옷 하나면 지내니까.
부자는 더위가 두렵고 추위는 두렵잖아,
눈이 쌓이면 천금 털옷이 잘 어울리니까.
어진 정치라면 외롭고 슬픈 이들을 먼저 보살펴야 하건만
구중궁궐 임금님께 어찌 아뢸꺼나.

苦寒行

冬何苦寒夏何熱, 才薄未得窮玄機.
貧人畏寒不畏暑, 爛日猶足一葛衣.
富人畏暑不畏寒, 積雪正合千金裘.
仁政須先哀煢獨, 九重何以達冤旒.

---

* 석세형(石世珩)의 자는 초보(楚寶)이고 호는 온곡(醞谷)이다.

송도를 지나며
— 최태용

무너진 성채 거친 누대엔 목동과 나무꾼들
나그네 여기에 오니 감회가 깊구나.
화창한 빛 석 달이라 봄이 처음 찾아왔건만
반천년 왕도의 기운이 이젠 다 스러졌네.
고금에 높디 높은 송악의 산빛이여
아침 저녁 흐느끼는 후강의 밀물이여.
포은 선생 남기신 자취 어디서 찾아볼까,
선죽교에서 말 내려 발을 떼지 못하네.

過松都

頹堞荒臺遍牧樵. 行人到此感懷饒.
韶光九十春初至, 王氣半千年已消.
今古崔嵬松岳色, 暮朝嗚咽後江潮.
圃翁遺跡尋何處, 下馬躊躇善竹橋.

---

* 최태용(崔泰容)의 자는 성함(聖涵)이고 호는 사촌(沙村)이다. 형 최태완과 함께 시를 잘 지었다.

그만 돌아가야겠네
— 전만종

어진 사람에겐 적이 없다 들었건만
요즘은 의로워도 또한 웃음을 사네.
부귀하고 영화로우면 욕심 더욱 드러나지만
가난하고 천하면 옳은 것도 그르다 하네.
하늘의 뜻이야 어찌 헤아리랴만
이젠 사람의 마음도 쉽게 알 수 없구나.
다 그만두고 산 깊고 물 맑은 곳으로
내 빨리 돌아가야겠네.

自歎

聞古仁無敵, 看今義亦嗤.
富榮貪益顯, 貧賤是爲非.
天意豈能度, 人情未易知.
山深水綠處, 早晚不如歸.

---

* 전만종(田萬種)의 자는 춘언(春彦)이고 호는 반소재(返素齋)이다. 일찍이 세상 일을 버리고 가룡산 속에 숨어 살았다.

잡초
— 이수익

뜨락에 난 잡초, 심은 적이 없건만
봄바람에 저절로 생겨났구나.
빛깔과 향내가 유다르건만
수도 없고 이름도 없다네.

庭草交翠

庭草本非種, 春風自發生.
惟有色香別, 無數亦無名.

■
* 이수익(李受益)의 자는 붕지(朋之)이고 호는 간취자(看翠子)이다.

혼자 술을 마시며
— 최북

한 조각 동주의[1] 달이
아마 고향에도 밝게 비치겠지.
나그네 생활이 몇 년이던가
아름다운 철 될 때마다 시름겹구나.
눈 그치자 온 숲이 깨끗해지고
돌아가는 구름이 골짝에 가로 걸렸네.
봄바람에 술 익어 향그럽기에
내 마음 달래며 혼자 따르네.

獨酌

一片東州月, 應知故國明.
幾年爲客在, 佳節每愁生.
霽雪通林淨, 歸雲出岫橫.
春風官酒綠, 斟酌任吾情.

■
* 최북(崔北)의 자는 성기(聖器)이며 호는 호생관(毫生館)인데, 나중에 북(北)자를 둘로 나누어 자를 칠칠(七七)로 고쳤다. 송석원시사의 동인이면서 그림도 잘 그렸는데, 한쪽 눈이 없는 애꾸였다. 그래서 늘 안경을 쓰고 화첩에 얼굴을 반쯤 대고서야 본그림을 본떴다.
어떤 높은 벼슬아치가 최북에게 그림을 그려달라고 요구했지만, 자기 뜻을 이루지 못했다. 그는 아무리 많은 돈을 싸들고 와도 마음 내키지 않으면 그림을 그리지 않았던 것이다. 그래서 그 벼슬아치에게도 그림을 그려주지 않았더니, 그가 권력으로 위협했다. 그러자 최북이 노해서, "남이 나를 저버리는 게 아니라, 내 눈이 나를 저버리는구나" 하면서 곧바로 자기의 한 눈을 찔러서 애꾸가 되었다. 나이 마흔 아홉에 죽으니, 사람들이 칠칠(七七)의 이름이 들어맞았다고 하였다.
1. 철원의 옛 이름이다.

호적에 이름도 없어
— 정봉

산새도 나무꾼의 심성 알지 못하니
호적엔 애초부터 들사람 이름이 없었다네.
창고에 곡식 쌓였건만 한 톨도 얻기 어려워
높은 누각에 홀로 기대어 저녁 연기만 바라보네.

山禽不識樵夫性. 郡籍曾無野客名.
一粒難兮太倉粟, 高樓獨倚暮烟生.

■
* 양근지방(양평군)에 사는 나무꾼 정봉은 운포(雲浦) 여씨의 노비이다. 생김새가 아주 괴상하였지만, 어려서부터 몇 권의 책을 읽고 시성(詩性)을 갖추었다. 한번은 관청에 쌀을 빌러 갔다가 이름이 명부에 없어서 얻지 못하자, 낙심하여 군청 다락에 기대어 이 시를 읊었다. 이 시가 퍼져 나가자 군수는 믿지 못했다. 불러다 시험해 보고야 크게 놀라 그에게 쌀을 주었다. 그 뒤에 이름이 널리 퍼져 사대부들도 그와 더불어 시를 주고받았다. —이덕무 《청비록》

땔나무를 팔며
— 나무꾼 정씨

문학으로 이름이 높았지만
늙어서까지 땔나무를 해야 하니,
두 어깨엔 가을빛이 물들어
움직일수록 더욱 쓸쓸하구나.
작은 바람이 불어서
장안의 길까지 들어오더니,
새벽에는 동성에서도
둘째 다리에까지 이르렀네.

翰墨聲名老採樵. 兩肩秋色動蕭蕭.
小風吹入長安路, 曉到東城第二橋.

■
* 초부(樵夫)는 양근의 월계협에 살았는데, 어떠한 사람인지 모른다. 자기의 이름과 자를 스스로 말하지 않고, 언제나 조그만 배 위에서 나무를 팔며 강호를 돌아다녔다. 그래서 사람들이 초부(樵夫)라고 불렀다. —《풍요속선》

술의 공로
― 최정상

책상 위에 책이야 어찌 없으랴만
취하지 않고는 다시 보지 않네.
갑 속에 거문고야 어찌 없으랴만
취하지 않고는 다시 타지 않네.
술 깨면 다시 잠도 못 들고
취한 뒤에라야 밥도 겨우 먹힌다네.
걱정과 시름이 나를 지치게 하니
술이 아니라면 기쁠 게 그 무언가.
한 말로 쌓인 시름 다 씻어내고
몇 잔이면 다시금 얼굴이 붉어지네.
삽을 들고 따라오는[1] 것도 또한 귀찮으니
죽은 뒤의 일이야 내 알 게 무언가.

酒功

豈無案上書, 非醉不復看.
豈無匣中琴, 非醉不復彈.
醒來不得眠, 醉後方能餐.
牢愁旣困我, 微爾何所懽.
一斗澆磊磈, 數杯還朱顔.
隨鍤亦多事, 死後吾何關.

■
* 최정상(崔挺祥)의 자는 이지(履之)이고 호는 사림재(四林齋)이다. 청주 사람인데 벼슬은 주부였다.
1. 유령(劉伶)은 진나라 사람이다. 술을 매우 좋아해서, 늘 술 한 병을 가지고 다녔다. 머슴에게 삽을 들고 따라다니게 하면서「술 먹다 죽으면 나를 그곳에 묻으라」고 했다.

봄날의 흥
— 박영석

산빛과 꽃그림자가
날마다 나를 즐겁게 하네.
초당에 높직이 누우니
흥이 넘쳐 흘러라.
요즘 들어 신기한 말들
좋아하지 않고,
이미 읽었던 상자 속의 책들을
다시 꺼내어 읽는다네.

春興

山光花影日怡余. 高臥草堂興有餘.
伊來不好神奇語, 更讀箱中已讀書.

---

* 박영석(朴永錫 1734-1801)의 자는 이극(爾極)이고, 호는 만취정(晩翠亭)이다. 순화방 누각동에 살면서 제자들을 가르치고, 저보(邸報)를 필사해 주는 것으로 생활하였다. 송석원시사의 동인이었는데, 필사본 《만취당유고》에 123수의 시와 여러 종류의 문장들이 실려 전한다. 그의 손자 박응모도 직하시사의 동인이다.

그림을 보며
— 임광택

허연 머리에 여윈 얼굴 늙은이가
나무에 기대어 한가롭게 낮잠 자네.
꿈도 또한 이 티끌 세상이 아니라
푸른 산 푸른 물 그 속이겠지.

題畵

白頭蒼面叟, 倚樹午眠閒.
夢亦非塵界, 靑山綠水間.

■
* 임광택(林光澤)의 자는 시재(施哉)이고 호는 쌍백당(雙柏堂)인데, 보성 사람이다.

오랜 가뭄에 느낌이 있어
— 임광택

고을마다 창고에 쌓아 놓았다던 곡식은
벌써 다 바닥났으니,
이제 무엇을 가지고서
저 백성들을 구원하려나.
우리가 굶주리며 사는 근원을
차근차근 따져 본다면,
이 늙은이 가슴 속에도
또한 할말이 있다네.

久旱感懷二首·2

郡國儲胥已露根. 更持何物賑元元.
如將細究源頭弊, 此老胸中亦有言.

문집 발간하기를 삼가라
— 임광택

시 편이나 지어 비록 성공하더라도
문인의 한갓 작은 재주에 지나지 않네.
살아서 심심풀이나 하던 거라면
죽은 뒤에는 불살라 버리게 해야지.
하물며 이보다도 못한 자들이야
진부한 시 구절이 시궁창 찌꺼기 같건만,
많은 사람들이 제 자신을 모르고
기이한 보물이라도 되는 것처럼 여긴다네.
하찮은 시들을 거두어 모아선 목판에다 새기니
거친 껍데기에다 쭉정이들이 뒤섞였네.
제딴에는 북녘땅 살진 준마처럼 생각되겠지만
요동의 돼지새끼라고[1] 남들은 웃는다네.
문집을 찍어서 글벗들에게 나누어 주고
자기 문장이 아름답다고 으시대지만,
그 가운데 한 편도 채 읽지 않고
사람들은 찢어서 방바닥을 바른다네.
불후의 명작이 어디에 있나.
침이나 뱉으니 부끄러움을 당하네.
속된 무리들이야 어쩔 수 없다지만
알만한 사람들은 삼가야 옳은게지.

■
1. 요동의 돼지가 머리 흰 새끼를 낳자, 그 주인이 신기하게 여겨 임금께 바치려고 길을 떠났다. 가다가 하동에 이르러 보니 그곳 돼지는 모두 희었다. 그래서 부끄러워 돌아왔다. 하찮은 재주를 뽐낼 때 쓰는 말이다.

刊集戒

詩篇縱有成，文人一小技.
生前供吟弄，死後任棄燬.
尤況下此者，陳腐同泥滓.
人多不自知，反以奇寶視.
收聚付剞劂，矗欐雜糠粃.
渠擬冀北馬，人笑遼東豕.
傳播士友間，暴揚詞章美.
觀者未終篇，破作塗埃紙.
不朽竟安在，還貽唾罵恥.
俗流固無責，識者宜戒是.

흉년
— 임광택

여름에 가뭄 들어 낟알이 구슬 같고
겨울에 비 잦아서 땔나무도 계수 같으니,
부자들마저 견디기 어렵다는 판에
가난한 자들이야 어찌 살아날 수 있으랴.
관청 창고에는 쌓아 놓은 게 없어
묵은 곡식 거덜나고 햇곡식은 아득한데,
나라 살림에도 모자란다니
백성 먹여 살리는 데까지 손이 미치랴.
나라에서는 평시에 돈만이 귀하다고
해마다 부지런히 돈을 만들었건만,
간사한 놈들의 주머니나 불려 주었지
고을 살림에는 도움이 못 되었네.
곡식을 쌓아 두었어야 백성들 목숨 보살피건만
왜 그런 일에는 힘쓰지 않았을까.
사람이 할일부터 마땅히 다해야지
흉년만 탓하는 것은 옳지 못하다네.

歎歲歉

夏旱米如玉, 冬雨薪如桂.
富人猶難支, 貧者那得濟.
公家無宿儲, 新舊不能繼.
經費尙云缺, 賑貸何由逮.
平時貴靑錢, 累年勤造幣.

徒潤奸人槖，未補郡國計．
何不務積穀，爲民護命蒂．
人事須當盡，不宜徒罪歲．

며느리의 언문 편지를 받고서
— 임광택

네가 일찍이 언문 글자를 배웠다고 하지만
얼마나 잘하는지 알 수가 없었지.
이제 네가 쓴 문안편지를 받아 보니
반절 쓰는 법이 모두 격식에 맞았구나.
가로 세로 글씨야 조금씩 비뚤었지만
네가 말하는 뜻은 다 알아 보겠다.
꼭 네 모습을 보는 것만 같아
반드시 구슬처럼 쓸 필요만은 없단다.
남의 집 딸들은 흔히
이야기책 읽기에만 정신이 팔려,
생활습관이 교만해지고 게을러지며
부엌 일과 방아찧기를 하찮게 여긴단다.
어느새 아낙네들 말솜씨만 늘어서
이로부터 집안 싸움이[1] 생겨난단다.
부디 이런 일은 없어야지
그렇지 않으면 집안이 반드시 뒤엎어진단다.
네가 시집으로 돌아올 날도 멀지 않았으니
너를 만나면 마주 앉아 다시금 타이르마.

■
1. 원문의 여계(厲階)는 재해를 받을 빌미이다.

見卞氏婦書

汝嘗學諺字，未知生與熟.
今見問候書，反切俱中式.
橫竪雖歪斜，意趣可識得.
猶堪替面目，不必如珠玉.
多見人家女，耽看稗說冊.
仍成驕怠習，不屑井臼役.
居然養長舌，厲階從此作.
此誠可禁戒，不然家必覆.
歸家似不遠，相覿當面飭.

우연히 읊다
— 이덕함

번화한 거리에는 발 붙이기 어려워
사립문 닫아 걸고 외롭게 살아가네.
나의 문장이 이 세상에는 도움이 되지 않아
나의 발자취를 이 산골로 돌려야 했네.
처마에 걸린 달은 시상을 맑게 해주고
골짜기 바람은 취한 얼굴을 씻어 주는데,
향그러운 영지는 어디에서 자라는지
나도 캐어서 돌아오고 싶구나.

偶吟

紫陌難投足, 柴門獨保閒.
文章無補世, 蹤跡且歸山.
簷月淸詩肺, 溪風灑醉顔.
靈芝何處秀, 我欲採而還.

■
* 이덕함(李德涵)의 자는 경호(景浩)이고 호는 진우당(眞愚堂)인데, 강양 사람이다.

짐군의 탄식
— 이양유

구차한 짐군의 신세 참으로 가여워라
삯짐 지고 다니는 것만 몇 식구가 쳐다보네.
싸라기 티끌과 함께 뒹굴면서
얼굴엔 주름지고 머리는 다 빠졌네.
저자 거리에 몰려 다니다가
장사꾼들 대신해 무거운 짐을 지네.
돈 생기는 곳이라면 가리지 않고 가건만
생기는 품삯이란 한 줌도 되지 않네.
큰 짐을 지고 가자면
숨이 차고 힘이 다 풀려,
차가운 날씨에는 살결이 갈라지고
더운 날에는 땀으로 목욕하네.
세상 사람 사는 것을 둘러보아도
천하고 괴로운 건 오직 그대뿐일세.
그대여 한탄만 하지는 마시게
힘써 벌어 먹으니 마음은 떳떳하지.
벼슬에 앉은 자들이 아무런 일도 하지 않고[1]
녹봉이나 훔쳐 먹는 것보다는 그래도 나으리라.

■
* 이양유(李養游)의 자는 계함(季涵)이니, 평창 사람이다. 무과에 급제하였으며, 아버지 이중진의 시가 《풍요속선》에 실려 있다.
1. 옛날 제사지낼 때에 신주 대신 그 자리에다 시동(尸童)이라는 어린아이를 앉혔었다. 이 시동이 앉던 자리가 바로 시위(尸位)인데, 이 아이처럼 아무런 일도 하지 않고 벼슬아치가 자리를 차지하여 녹봉만 받아 먹는 것을 시위소찬(尸位素餐)이라고 한다. 이러한 벼슬아치를 시관(尸官)이라고 한다.

擔夫嘆

憐爾生甚苟, 數口仰擔穀.
米塵與同居, 面皴髮又禿.
成群列市街, 負重代賣鬻.
閒然趁利去, 所得不盈匊.
方其擔負時, 喘息其力瘁.
寒天肌盡坼, 熱日汗如沐.
環顧人世間, 賤苦爾居獨.
請君且莫嘆, 食力心不恧.
猶勝在官者, 尸位以竊祿.

서울의 거리
— 이언진

1.
오경이 되면서 종이 울리니
길거리가 뛰어달리듯 분주해지네.
가난한 자는 먹이를 천한 자는 벼슬을 구할테니
만인의 속마음을 앉아서도 알겠네.

衕衖居室 · 1

五更頭晨鍾動, 通衢奔走如馳.
貧求食賤求官, 萬人情吾坐知.

3.
물렀거라 외치는 소리가 천둥치듯 하니
사람들이 길을 피해 집의 문을 잠그네.
세살 먹은 아이까지도 울음을 그치니
벼슬아치가 참으로 호랑이보다도 무섭구나.

衕衖居室 · 3

呵殿聲如雷過, 人避途家閉戶.
三歲兒止啼號, 進賢冠眞畏虎.

4.
소와 말이 오고 가기에
시장 길바닥에는 오줌과 똥이 널려 있건만,

선생의 콧구멍은 맑고 깨끗해
상머리에 향을 한 촉 태우네.

衚衕居室 · 4

來者牛去者馬, 溺于途糞于市.
先生鼻觀淸淨, 床頭焚香一穗.

10.
시장바닥은 언제나 시끌벅적해
되놈말인지 왜놈말인지 분간을 못하겠네.
쌀에는 모래 섞고 은에는 구리 섞어
지나가는 촌놈들 잘도 속이네.

衚衕居室 · 10

市裡別起謎諢, 不辨漢語倭語.
米和沙銀夾銅, 全瞞過村男女.

13.
밥 한 사발 먹은 뒤에
배 부르면 쉬다가,
큰 길 곁에서
팔베개하고 잠자네.
눈 덮힌 새벽길을

날마다 왕궁으로 출근한다고,
초라한 거지 아이가
승지를 가엾게 여기네.

衚衕居室 · 13

一碗飯飽則休, 大道傍抱頭眠.
寒乞兒憐承旨, 雪曉裏每朝天.

32.
꾸짖으면 받지 않고
발로 차면 먹지 않으니,
거렁뱅이 아이들이라고
어찌 염치가 없으랴.
마땅한 방법으로 취해서
고르게 나누어 가지니,
좀도둑 사이에도 또한
어짊과 슬기로움이 있네.

衚衕居室 · 32

呼不受蹴不食, 丐子豈無廉恥.
取必宜分必均, 儌兒亦有仁智.

81.
나무장수가 점쟁이에게 점을 보더니
십년 안에 부귀해진다는 말을 들었네.
나뭇짐 짊어지고 거리를 내닫는데
열에 일곱은 벌써 부귀해진 기색일세.

衙衕居室 · 81

賣薪者問卜者, 十年內大富貴.
擔着薪沿街走, 七分有富貴氣.

119.
오관에다 글을 보는 눈까지 갖추고
온갖 병 가운데 돈 버는 버릇만 없네.
시 읊고 베끼며 그림까지 그리니
사람이 지닐 것은 모두 넉넉하다네.

衙衕居室 · 119

五官外具文眼, 百病中無錢癖.
吟得寫得畵得, 人所應有皆足.

120.
짠 냄새 시큼한 냄새에다 매콤한 냄새까지
장 끓이는 냄새에 코를 가리네.

꽹과리 소리 방울 소리에다 경쇠 소리까지
수산물 육산물 파는 소리가 귀에 시끄럽구나.

衚衕居室 · 120

鹹的酸的辣的, 油醬舖氣掩鼻.
鐃兒鈸兒磬兒, 水陸場聲鬧耳.

145.
바보도 죽으면 썩고 총명한 이도 썩으니
흙덩어리로 누구 누구를 어이 분간하랴.
하찮은 책 몇 권이
내 죽은 천년 뒤에 나를 증명하리.

衚衕居室 · 145

痴獸朽聰明朽, 土不揀某某某.
兎園冊若干卷, 吾證吾千年後.

---

* 이언진(李彦瑱 1740-1766)의 호는 송목관(松穆館)인데, 연암 박지원이 그를 위하여 〈우상전(虞裳傳)〉을 지었다. 대대로 역관을 지내던 집안에 태어나 일본까지 다녀왔지만, 병이 깊어져 스물 일곱에 죽게 되자 "누가 다시금 이 시들을 알아주랴?" 하면서 자기의 초고들을 끄집어내어 불태워 버렸다. 불태워 버리다가 남은 시들을 모은 원고라는 뜻에서, 그의 시집 이름은 《송목관신여고(松穆館燼餘稿)》라고 붙였다. 그의 문집에는 293수의 시가 실려 있는데, 그 가운데 198수는 남들이 거의 짓지 않던 6언절구이다.

이익과 명예
― 차좌일

길에 다니는 사람이 많아
동으로 서로 제각기 바쁘네.
「무엇하러 가느냐」 그에게 물었더니
이익이 아니면 명예를 찾아간다네.

出山

道上多行人, 東西各自去.
問君何爾爲, 非利卽名處.

---

* 차좌일(車佐一 1753－1809)의 자는 숙장(叔章)이고, 호는 사명자(四名子) 또는 사명광객(四名狂客)이다. 오산 차천로의 6대손인데, 서화·음률·사예(射藝)에 정통하고 제자 백가에도 해박하며, 붓을 들었다 하면 백여 편 정도는 거침없이 써내려갔다. 어버이를 봉양하기 위하여 늘그막에 무과에 급제하였지만, 조그만 일 때문에 벼슬이 갈리게 되자 송석원시사의 동인들과 어울려 시를 지었다. 여규형은 그의 〈행장〉을 지으면서, 그가 자신의 신분에 대하여 불평하던 모습을 이렇게 표현하였다.
"그는 일찍이 이름난 산과 커다란 도회지들을 두루 돌아다니며, 밝은 달밤에 배를 띄우고 술에 취하였다. 왼손으로 술항아리를 두드리고 오른손으로는 뱃전을 두드리며 노래를 불렀다. 그 소리가 하늘 끝에까지 이르렀다. 마치 옆에 다른 사람이 없는 것처럼 울면서 부르짖기를, '세세생생(世世生生)에 다시는 이 나라 사람으로 태어나지 않기를 바란다'고 하였다."
그의 시집은 조선왕조가 망한 지 4년되는 1914년에야 출간되었다.

시 짓는 모임에 참석지 못하고
— 차좌일

시가 능히 한 축을 이뤘으니
술도 서너 순배는 돌았겠구나.
병들어 누운 신세 현안¹과 같고
기일을 어겼으니 미생²에게 부끄러워라.
골짜기 얼음은 조각조각 희고
산속의 달빛마저 너무나 밝아,
친구들의 뜻을 그윽히 생각하니
이 늙은이의 심정을 알아주는 듯해라.

朝見松石軸次韻

詩能成一軸, 酒亦過三行.
臥病同玄晏, 違期愧尾生.
澗氷千片白, 山月十分明.
默想群賢意, 頗知老子情.

■
1. 진(晉)나라 학자 황보밀(皇甫謐)의 호. 황제가 여러 차례 불렀지만 나가지 않고 은거하였다.
2. 미생(尾生)이 여자와 다리 아래에서 만나기로 약속했는데, 여자가 오지 않자, 밀물이 들어와도 비키지 않고 끝내 다리 기둥을 껴안고 죽었다.

추석날 몇이 모여서
— 차좌일

내 몹시 쇠약한데다 또한 게을러서
문을 닫아 걸고 몇 년 출입을 않았지.
미천한 신분엔 산골짜기 하나도 고마와
천종의 봉록엔 애초 뜻이 없었네.
가슴속 영심(靈心)이 움직임 이미 듣고서
미간을 다시 보니 도심(道心)이 짙었구나.
늙은 뒤에 계획은 그대들과 이 모임을 다할 뿐,
남산을 바라보며 나누는 현담에 해가 다했네.

中秋小集

吾衰甚矣又兼慵. 閉戶年來迷過從.
微分自知甘一壑, 雅懷元不在千鍾.
已聞胸裏靈心動, 更見眉間道心濃.
晚計與君終此事, 玄談竟夕對南峰.

살찌기를 바라지 않았네
― 차좌일

남에게 시비를 말하지 않고
좋은 술이 생기면 천기를 보네.
어렵게 살긴 하지만 어찌 돈의 액수를 따질텐가,
선비로 평생 살면서 살찌길 바라진 않았네.

次景老 二首・2

休向傍人說是非. 且將良醞見天機.
薄屯寧計錢多少, 措大平生不願肥.

발에 종기가 났다고 술을 끊으라기에
— 차좌일

내 일찍이 의술 책을 읽었지만
술을 끊으라는 처방은 없었네.
내 살아서는 취향(醉鄕)의 사또가 되고
죽어서는 수문랑(修文郞)이 되리라.[1]
발바닥에 종기가 났다고 무슨 일이 있겠나.
내 몸과 이름을 잊은 지 이미 오랠세.
그대와 마주앉아 실컷 들이마시면
안으로는 닳아져도 밖으로는 좋아지겠지.

有足腫或戒止酒戲答 二首·1

曾讀軒岐術, 元無禁酒方.
生爲醉鄕伯, 死作修文郎.
足病今何有, 身名久已忘.
對君須痛飮, 內托外應良.

---

1. 현실사회에서 그가 할 수 있는 벼슬이라고는 무인직이거나 아전뿐이었다. 할 수 있는 일이라고는 술을 마시고 시를 짓는 일뿐이었다. 그의 신분으로 지방의 사또가 되거나 홍문관의 문관이 되는 것은 꿈도 꿀 수가 없었다. 당나라에서 홍문관의 옛이름이 수문관(修文館)이었는데, 문인이 죽으면 수문랑이 된다고 하였다. 즉 사또나 홍문관 벼슬을 할 수 없었던 그는 살아서는 술이나 실컷 마시는 취향의 사또가 되고 죽어서는 수문랑이 되겠다고 하여, 현실사회의 신분차별을 비웃은 것이다.

지세포를 지키면서
― 차좌일

왜놈들의 배가 날마다 드나들어
밀물을 타고서 왔다가 가네.
가까이는 양주까지도 가고
멀리는 다대포까지도 가네.
수영을 지키는 내 간담이 떨어지니
진영을 지키는 관리들 혼도 녹아나겠지.
부끄러워라 남들에게 부림받으며
고개를 숙인데다 허리까지 굽혀야 하다니.

知世浦雜詩 三首·1

倭船來日日, 迎送卽乘潮.
幸則楊洲近, 不然多浦遙.
營關吾膽落, 鎭棍吏魂消.
所愧爲人役, 低頭更折腰.

---

* 지세포는 (거제현) 동쪽 40리에 있다. 임진왜란 후에 변포(邊浦)에서 옥포(玉浦) 옛성 밖으로 옮겼다가, 효종 2년(1651)에 다시 예전 장소로 옮겼으며, 그 뒤에 다시 지금의 진으로 옮겼다. 성의 둘레는 1,605척이며, 수군만호(水軍萬戶) 1명이 있다.-《신증 동국여지승람》 제32권 〈거제현〉

군대에 불려가던 날
― 차좌일

칠백리 함양 길을 나흘에 빨리 걸어
기약된 날짜에 들어서려 했건만,
뜻밖에 만난 병이 빌미가 되어
나라에서 정한 날까지 닿지를 못했네.
내 지은 죄가 커서 죽어 마땅하니
어찌 용서를 바라랴 험한 부역 치르라시네.
남쪽 땅 이곳은 사람 살 곳이 못되어
눅눅한 비구름이 창자를 끊네.

充軍日漫成

七百咸陽四日强. 如期茇任入商量.
無端暴疾來爲祟 有限嚴程去來遑.
自犯大罪惟分死, 豈料寬典止投荒.
南方不可留人些, 蠻雨蜑雲摠斷腸.

다들 도망간 마을
― 김낙서

길을 가다 버려진 마을터를 만났기에
물었더니 다들 도망간 집들이라네.
산 사람은 돌아오지 않고
죽은 사람은 무덤도 없다네.
혼백이야 숲속 사당에 모셨다지만
이름은 납세자 명부에 그대로 두었다네.
썰렁한 울타리에 재만 남아 있어
이웃 마을 사람이 와 보리를 심누나

廢村

行逢廢村墟, 問是逃亡屋.
生者不歸來, 死者無塚宅.
魂魄托叢祠, 姓名留縣籍.
環堵有餘灰, 鄰人來種麥.

■
* 김낙서(金洛瑞 1757-?)의 자는 문초(文初)이고 호는 호고재(好古齋)인데, 평민시인 김홍서의 사촌아우이다.

배를 채우려는 마음뿐
— 서경창

아아! 지난 가을의 수확은
예전에 없는 흉작이었네.
올봄에는 쌀이 더욱 귀해지고
술찌게미 쌀 겨로도 배를 채우지 못해,
한 자루에 이천 전이나 하니
부자도 가난뱅이도 모두 쪼들리네.
거리엔 팔려는 물건 많아
옷이나 책·칼들이 널려 있으니,
백성들 형편이 너무나 황급해서
모두들 배 채우려는 마음뿐이네.

乙亥歎 十首·1

嗚呼前秋穫, 古昔所無歉.
今春米益貴, 糟糠不得饜.
一包二千錢, 貧富俱不贍.
街市多鬻物, 衣裳與書劍.
民勢遑且汲, 擧切望哺念.

* 서경창(徐慶昌 1758-1822 이후)의 자는 명중(明重)이고 호는 학포헌(學圃軒)이다. 숭문원 서리로 일하다 비변사로 옮겨 일했는데, 실학연구에 힘썼다. 흉년에 굶어 죽는 백성들을 구제하기 위해서 고구마 잘 기르는 방법을 설명한 〈종저방(種藷方)〉을 짓기도 했다. 《학포헌집》이 전한다.

미운 모리배들
— 서경창

그 옛날 계묘년엔
쌀 한 섬에 천 냥이나 되었지만,
돈이 있어도 쌀이 없어서
장사꾼들이 빈 가게만 지켰었지.
이상도 해라 올해 흉년엔
쌀 한 섬에 이천 냥까지 하는데도,
서울 시골 시장마다 쌀이 널려서
마치 평년인 듯 많기만 하네.
밉기도 해라, 저 모리배들이
쌀값을 올려 농간을 부리는구나.

乙亥歎 十首 · 8

粤昔癸卯歲, 米石直千錢.
有錢而無米, 賈兒坐空廛.
異哉今年歉, 至石直二千.
狼戾京鄕市, 所溙若平年.
可惡牟利徒, 踊貴弄其權.

한가롭게 살면서
— 장혼

평생 살면서 뜻 맞는 이가 적으니
문을 나선들 어디를 찾아가랴.
벼슬하려 해도 재주를 갖추지 못했고
숨어 살려고 해도 논밭이 없네.
그러니 오직 술과 글로써
틈날 때마다 한가롭게 노닐 밖에.

閑居

生平少同調, 出門何所投.
欲仕非材具, 欲隱無田疇.
姑與將文酒, 暇日作閑遊.

---

* 장혼(張混 1759-1828)의 자는 원일(元一)이고 호는 이이엄(而已广)인데, 결성 사람이다. 많은 평민 제자들을 가르쳤으며, 목활자를 만들어서 많은 교과서와 문집들을 인쇄하여 평민문화를 널리 보급하였다. 《이이엄집》이 전한다.

옥경산방에 모여 차를 마시면서
— 장혼

이웃 마을 서로 가까워
일 없어도 날마다 찾아와서 모이네.
작은 오두막이 자리도 그윽하게 잡아
좌우로 시냇물과 산이 마주했네.
봄날이라 날씨가 차츰 화창해지니
만물도 저절로 생기가 도는구나.
이 경치를 돌아보니 마음에 맞아
우스개소리 즐기며 등을 어루만지네.
새들은 짝 지어 모여들고
수풀 나무엔 향그런 놀이 일어나니,
몸은 비록 성문 안에 있지만
마음은 티끌 세상 밖으로 나가네.
즐겁구나. 내 무엇을 걱정하랴.
빈천한 생활이 본디 분수에 맞는다네.
차 한두 사발을 마시니
가슴 속에 맺힌 근심이 다 없어지네.

玉磬山房茶會用劉隨州韻

隣曲旣相近, 無事日來會.
小廬居且幽, 左右溪山對.
春天氣漸和, 群物自生態.
顧此愜心賞, 良謔笑撫背.
禽鳥聚儔侶, 林木起香靄.
雖在城闉裏, 意出紅塵外.
樂哉何所憂, 貧賤固分內.
飮茶一兩椀, 胸中破悶礙.

* 옥계사(玉溪社) 동인들이 주로 인왕산 언저리에 모여 살았는데, 옥경산방(玉磬山房)은 왕태(王太)의 집이다.

손님에게
— 장혼

울타리 구석에선 아내가 방아를 찧고
나무 뿌리에 앉아 아이가 책을 읽는 곳,
길을 잘못 들었나 걱정하지 마소
여기가 바로 내 오두막이라오.

答賓 三首・3

籬角妻舂粟, 樹根兒讀書.
不愁迷處所, 卽此是吾廬.

정원 벽에다
― 장혼

청복[1]은 지금보다 더할 게 없어
열 간짜리 집을 개울가에다 지었네.
담장 동쪽 대나무를 자주 보살피고
울타리 밑에는 국화를 많이 기르네.
높은 선비 사는 곳은 어디나 즐거운 땅
벗들의 시가 저마다 일가를 이루었네.
산속에 사느라 티끌세상에 오래 끊겼으니
아침 저녁 이 경치를 누구에게 자랑하랴.

疊韻題園壁

淸福于今莫爾加. 十間方宅澗之涯.
墻東頻訊平安竹, 籬下多栽隱逸花.
高士攸居皆樂地, 故人詩句自名家.
山中久斷紅塵想, 日夕風光誰與誇.

---

1. 그는 청복을 여덟 가지 들었다. 태평시대 태어난 것, 서울에 사는 것, 의관을 갖춘 것, 문자를 아는 것, 집 주위의 자연 경치, 꽃나무 천 그루, 마음을 통하는 벗, 좋은 책을 지닌 것이다.

나이를 더 먹으며
— 왕태

옛부터 나이 먹기가 슬프다지만
남달리 나만은 기뻐한다네.
이듬해엔 꽉 찬 일흔이 되니
분수에 따라 벼슬도 마쳐야겠지.
이제부턴 나라에서 지팡이도 짚으라 하고
쌀과 고기도 내려주시겠지.
인덕이 있어 장수했다고
사람들은 분에 넘치게 치하하겠지.
산골 시냇가에다 오두막을 지어 놓고
한가로이 누워서 경치를 즐기기라.
가난치 않은데다 천하지도 않으니
나 같은 사람이 누가 또 있으랴.
다만 한스럽기는 운명이 기박하여
늙을 때까지 자식이 없는 걸세.
만 사람 가운데 나 하나 뿐이니
자식 볼 길이 영영 끊어졌네.
시 짓기를 몹시도 즐겨
자식이나 마찬가지로 사랑했으니,
하늘의 뜻이 두 복을 주기 싫어선지
시 재주는 주면서도 자식복은 인색해라.
아직은 편안하게 즐긴다지만
늘그막에 앞일을 내 어찌하랴.
할 수 없이 스스로 마음 달래면서

봄바람 속에 술잔을 드네.
거듭 노래하며 내 마음 달랬지만
여지껏 부른 노래가 실상은 빈말이라네.

■
* 왕태(王太 1764-1834)의 자는 보경(步庚)이고 호는 수리(數里)인데, 평민시인 왕협의 아우이다. 그는 집이 가난해서 스스로 살림할 수 없었으므로, 나이 스물 넷에 술집 김가 할미의 중노미가 되었다. 술잔을 나르는 틈틈이 책을 읽으니, 할미가 꾸짖으며 읽지 못하게 하였다. 그러자 책을 품속에 넣고 오가면서도 읽고, 또는 물을 끓이는 동안에도 그 불빛에 비추며 속으로 외웠다. 할미도 그의 뜻을 갸륵하게 여겨서, 날마다 초 한 자루씩 주어서 밤에도 책을 읽게 하였다.
윤행임이 궁안에 들어가 임금을 뵙고 왕태의 글솜씨에 대해서 아뢰었더니, 임금이 곧 불러서 시를 짓게 하였다. 그래서 몇 걸음을 걷는 동안에 다 지었다. 임금이 그의 재주를 아깝게 여겨, 장영(壯營)에 붙여 녹을 받게 하였다. 장교들이 활쏘는 솜씨나 말타는 솜씨를 시험볼 때마다 그에게 시 한 수를 대신 짓게 하였다. 임금이 그를 다시 중학생으로 충원하여 오경(五經)을 강하게 했으니, 아주 드문 대우였다. 나중에 무과에 급제하여 조령 별장이 되었다가, 나이 일흔에 죽었다.

添齒

古來添齒感，排衆我獨喜.
明年滿七十，隨分當致仕.
始許杖於國，且有米肉賜.
熙皞仁壽域，所愧稱人瑞.
弊廬溪山間，閒臥度清美.
不貧復不賤，孰能與相似.
但恨賦命乖，朽老竟無子.
萬中一箇身，永絶生生理.
應坐酷嗜詩，愛同出自己.
天道惡兩得，優彼而嗇此.
康哉猶可爲，宛其將何以.
已矣乎自遣，把酒春風裏.
反辭欲慰心，實知前言戲.

광정에서 잠을 자다가
— 임득명

여관방에서 잠도 안와 앞길을 헤아리다가
베개 괴고서 화로를 껴안고 막걸리를 기울이네.
일 많은 시골 아낙네 가련키도 해라
닭이 울 때까지 씨아 소리가 그치지 않네.

宿廣亭

旅窓無夢計前程. 推枕擁爐濁酒傾.
辛苦可憐村婦事, 鷄鳴不斷繅車聲.

---

* 임득명(林得明 1767-?)의 자는 자도(子道)이고 호는 송월헌(松月軒)인데, 임 필창의 아들이다. 송석원시사의 동인인데, 이들이 달마다 모여서 지었던 시들을 모은 《옥계사(玉溪社)》 수계첩의 제목 글씨도 그가 쓰고, 모여서 놀던 모습도 그가 그렸다. 《송월만록》이 전한다.

모양관에서 잠을 자면서
— 임득명

차가운 등불만 깜박이고 밤은 고즈넉하니
산속 나그네의 시름을 누가 달래 주려나.
물결 치는 듯한 솔바람 소리를 누워서 듣다 보니
외로운 정자가 여울 내려가는 조각배 같구나.

宿牟陽館

寒燈耿耿夜幽幽. 誰慰山窓客裏愁.
臥聽松濤聲不定, 孤亭恰似下灘舟.

과부의 탄식
― 박윤묵

아아! 저 과부가 길 옆에서 통곡하네.
하늘과 땅에 대고 울부짖으며 몸을 내던지네.
갑자기 울음을 삼키자
피와 눈물로 옷이 온통 얼룩지네.
갈림길에 지팡이 세우고 차마 가지 못하겠네.
"아무도 없는 산에 웬 아낙네신가?"
기운을 차려 우러러보며, "공께선 누구신지요?
귀찮더라도 내 말 한마디 들어주소.
열다섯 살에 농부에게 시집가서
밭 몇 마지기를 부부가 갈았다오.
긴 겨울 추운 여름, 입에 풀칠이나 겨우 하니
뼈빠지게 고생해 보지 않은게 없었다오.
올해 봄에 남편은 굶어 죽고
눈 앞에는 아들 하나만 남아 있었는데,
어제 해 저물기 전에 나무하러 가더니
앞산에서 범에게 물려 죽었다오.
남편도 아들도 없이 홀로 된 내 신세
누구를 의지하여 살아가야 하나요?
게다가 추운 겨울이 다가오니
남편의 군포(軍布)와 아이의 군포는 어찌하나요?
함께 가던 사람들이 귀를 기울여 듣고는
눈썹을 찌푸리며 측은해 하네.
평신으로 돌아가면서 갓이 흠뻑 젖었건만

위로하는 말 한마디 하지 못했네.
황폐한 마을 돌아보니 어둑어둑 비까지 내려
산천까지도 슬퍼하며 원망하는 듯하네.

寡婦歎

噫彼寡婦路傍哭, 呼天叫地身題覆.
忽復呑聲聲不出, 滿裳龍鍾血和淚.
臨歧佳節不忍去, 爲問空山此何女.
作氣仰視公是誰, 煩公聽我此一語.
十五嫁作農人婦, 夫婦耦耕田數畝.
長夏隆冬僅糊口, 勞筋苦骨無不有.
今春夫壻餓而死, 眼前惟有一子耳.
昨者未暮採薪去, 爲虎噬死前山裏.
孑孑此身寡又獨, 與誰依賴爲生理.
況復冬候漸迫近, 夫布兒布將何以.
一行從御傾聽之, 莫不惻然爲蹙眉.
平薪歸客倍霑巾, 慰諭不可容言辭.
回頭荒村雨冥冥, 正是山哀浦怨時.

* 박윤묵(朴允默 1771-1849)의 자는 사집(士執)이고 호는 존재(存齋)인데, 효자로 이름난 박태성의 손자이다. 정조 때에 규장각이 설치되자 교정보는 일에 뽑혀서 정조의 은총을 받다가, 1819년에 통정대부가 되고 1835년에 평산진 첨사가 되었다. 이 시는 그때 지어졌는데, 그가 민중들 편에 서서 선정을 베풀었기 때문에 백성들이 그의 이임을 막아 달라고 관찰사와 절도사에게 호소하였다. 《존재집》 26권 13책이 전하는데, 22권까지가 모두 시이다.

죽은 글벗들을 그리워하며
— 박윤묵

김낙서

다섯 수레의 책을 읽고 일가를 이루었지.
시단의 추앙 오래더니 그 깃발도 기울었네.
시혼 어디에 있는지 물으려 해도
황천 가는 길 알지 못해 슬픈 노래만 부치네.

七賢悼亡詩 · 好古齊

五車勤學已成家. 久仰詞壇亦幟斜.
試問詩魂何處是, 黃泉無路寄悲歌.

장혼

가슴엔 천고의 역사 가득 품고
티끌 헤쳐 쏟는 고담, 칼날 같았네.
거실엔 책 보따리마다 붓 매달고
십 년 세월 하루같이 으뜸 시인이었네.

七賢悼亡詩 · 而已广

搜羅千古在心胸. 揮塵高談若有鋒.
居室行囊皆帶筆, 十年無日不詩宗.

백성들의 쌀을 사들이며
— 박윤묵

쌀 사들이는 일은 가을에 가장 바빠
사람의 키만큼이나 문서가 쌓였네.
아전들은 모두 가리고 숨기길 잘해
백성들도 또한 교묘히 잘 따르네.
번거로운 장부 정리 끝내고 나서
눈에 들어간 쌀먼지까지 부벼내었지.
공정한 마음으로 애쓰다 보니
머리까지 저절로 신명이 나네.

糴政

糴政秋多劇, 文書幾等身.
吏皆工壅蔽, 民亦巧因循.
手罷煩毫墨, 眸揩漲米塵.
公心宜自勵, 頭上有神明.

농사 노래
— 김희령

1.
밀은 이제야 겨우 파릇해지는데
보리 익을 날은 아직도 멀었네.
긴 가뭄 끝에 가랑비가 내리니
산나물들이 잘 자라겠구나.

農謠九首·1

小麥才靑靑, 大麥猶未黃.
久旱方小雨, 好是山菜長.

2.
가을에 낟알로 가득 갖다 바치고는
보리고개에 겨 한 포대를 얻어왔네.
겨라고 준 것도 말이나 소가 먹을건데
그나마 절반은 모래가 섞였네.

農謠九首·2

秋納萬顆粒, 春受一包糠.
糠猶飼馬牛, 其奈沙半強.

3.
구장이야 본래 말이 많은데다
면 소임도 또한 일 만들길 좋아하네.

서쪽집 씨암탉은 살이 쪘는데
동쪽집 술이 아직 안 익었다고 푸념하네.

農謠九首·3

約正素多口, 面任亦喜事.
西舍母鷄肥, 東隣酒熟未.

4.

사람마다 제 입으로 양반이라니
병정에 나갈 사람이 몇이나 되랴.
밭거름 내기에도 일손이 모자라는데
몇 사람 몫의 부역이 한 몸에 달겨드네.

農謠九首·4

居人皆稱士, 軍丁復幾人.
糞田無餘力, 疊役復侵身.

5.

아이들이 장난치며 잘도 놀건만
자기 몸에 괴로운 부역 매인거야 어찌 알겠나.
인생이 어찌 귀하지 않으랴만
너를 낳았단들 무엇이 보탬되랴.

農謠九首 · 5

孩兒方嬉戲, 寧知身有役.
人生豈不貴, 生爾復何益.

6.

앞집 양반댁에선 소를 빌려 가더니
뒷집 양반댁에선 날더러 일하러 오라네.
내 밭이라야 넓지는 않다지만
묵은 김을 언제나 매라는건지.

農謠九首 · 6

前宅借牛去, 後宅招我來.
我土雖不廣, 何當辟草萊.

9.

세상 일이야 믿기가 어렵다지만
있는 힘 다해서 밭 갈아보세.
밭일에다 힘을 아끼지 않으면
올해에는 아마도 풍년이 들테지.

農謠九首 · 9

歲事未可必, 黽勉就田功.
田功敢不力, 今年庶遇豊.

■
* 김희령(金羲齡)의 자는 백경(伯敬)이고 호는 소은(素隱)인데, 송석원시사의 평민시인 김낙서의 아들이다. 김낙서의 농장 일섭원(日涉園)을 이어 받아 농사지었으며, 이곳에 서원시사(西園詩社)의 동인들이 모여 시를 지었다. 아버지의 뒤를 이어 규장각 서리가 되었다.

손님이 왔네
— 이헌평

하루 종일 책상에 기대 누웠는데
사립문이 갑자기 활짝 열렸네.
봄바람이 부나 보다 생각했더니
시냇물 건너서 벗님이 찾아왔네.

客至

鎭日凭几臥, 蓬門忽然開.
始謂東風急, 溪南故人來.

---

* 이헌평(李憲平)의 자는 성안(聖安)인데, 학무(學懋)의 아들이다.

시골 아이가 들오리를 잡아 왔길래 사서 놓아 주며
— 조희룡

눈이 쌓이니 대문이 더욱 깊어져
외로움을 달래줄 사람이 없네.
〈방한편〉을 집고서
흔연히 한번 읽어볼 뿐이네.
촌 아이가 비단오리를 잡아다
찾아와서 돈 열푼에 사라는구나.
비단 깃털을 만지니 아직도 축축해
온 몸이 바로 구름과 연기 같건만,
강해(江海)에 사는게 본성인데 그만 잡혀와
초췌한 모습이 참으로 가련하구나.
품에다 안고 대숲으로 가서
하늘을 향해 두 손으로 던졌네.
처음엔 푸드득거리며 배회하더니
바다 저편 푸른 하늘로 아득히 사라졌네.

風雪中縅戶孤坐適有邨童捕野鴨來售以十錢易之乃放之

積雪堂戶邃, 無人慰幽獨.
偶拈放鷴篇, 欣然爲一讀.
邨兒縛繡鴨, 來博十文錢.
錦毛摩猶濕, 渾身是雲烟.
惟以江海性, 憔悴極堪憐.
抱至竹樹傍, 雙手向空擲.
拍拍初徘徊, 遙沒海天碧.

■
* 조희룡(趙熙龍 1789-1866)의 자는 운경(雲卿) 또는 이현(而見)이고, 호는 우봉(又峰) 또는 호산(壺山)이다. 추사 김정희에게서 난 치는 법을 배웠으며, 추사체의 글씨가 많이 남아 있다. 1851년에 예송(禮訟)이 일어나 스승인 추사 김정희가 북청으로 귀양가고 권돈인은 파직되었는데, 그가 이들을 위해서 구명운동을 벌이다가 전라도 임도라는 섬으로 귀양갔다.
그는 이 3년의 귀양살이 동안에 〈황산냉운도(荒山冷雲圖)〉를 비롯한 많은 그림을 그리고 시를 지었는데, 이 시의 원래 제목은 길다. "눈보라가 쳐서 문을 닫고 홀로 앉아 있는데, 시골 아이가 들오리를 잡아 팔러 왔다. 그래서 10전으로 바꾸어, 바로 놓아 주었다." 잡혀온 들오리가 본성대로 살 수 있도록 놓아주는 그의 모습은 바로 신분제도에 얽매인 자신이 자유롭게 활동하고 싶어하는 염원이기도 하다. 그는 남다르게 살았던 평민 42명의 전기를 지어 1844년에 《호산외기(壺山外記)》라는 전기집을 엮었다.

달아난 계집종
— 변종운

달아난 계집종 나이 겨우 열여덟 아홉인데
까닭없이 한밤중에 홀몸으로 달아났네.
남은 한 아이는 귀 먹고 한 아이는 다리를 저니
늙은 아내는 수족이라도 잃은 듯 여기는구나.
몇 해 동안 가난한 집에서 고락을 함께 했으니
내 은혜가 너무 적었다고 스스로 부끄러워지네.
구월인데도 겨울 옷을 아직 입히지 못해
눈보라 차가운 바람이 붉은 종아리에 부딪치겠지.
좋은 새가 나무 가리는 것을 그 누가 금하랴[1]
두 눈동자에 애교 띤 웃음, 바느질까지 잘했지.
네 아비는 헤매고 네 어미는 울지만
날아갔는지 물속에 잠겼는지 어디 가서 찾으랴.
넓은 행랑채 밝은 달밤이나 화려한 누각 봄날에
가는 곳마다 마음에 들면 몸 편안히 지내거라.
뒷날 만나도 피하지는 말거라
나 역시 옛주인이라고 말하기 부끄럽겠지.

逃婢

逃婢年纔十八九, 無端隻身半夜走.
一婢耳聾一婢跛, 老妻如失左右手.
多年貧家共苦樂, 尋常自愧恩義薄.
九月寒衣猶未授, 雪風凄凄吹赤脚.
良禽擇木誰能禁, 雙眸巧笑能縫鍼.
汝父彷徨汝母泣, 翔羽潛鱗何處尋.
長廊明月畵閣春, 隨處得意可安身.
他日相逢休相避, 我亦羞稱舊主人.

---

* 변종운(卞鐘運 1790-1866)의 자는 붕칠(朋七)이고 호는 소재(歗齋)인데, 거창 사람이다. 역과에 합격하여 중국에 여러 차례 다녀왔다. 《소재시초(歗齋詩 鈔)》 7권 2책에 247수의 시가 실려 전한다.
1. 새가 나무를 가려서 앉지, 나무가 어찌 새를 가릴 수 있으랴[鳥則擇木, 木豈 能擇鳥].-《좌씨(左氏)》 〈애공(哀公)〉 11년.
    어진 신하가 임금을 가려서 섬긴다는 뜻인데, 여기서는 계집종이 부자 주인 을 찾아서 떠난다는 뜻으로 썼다.

두건도 바로 쓰지 않고
— 장욱

고요히 사는게 내게는 온당치 않아
개구리 울음이 이웃을 시끄럽게 하네.
글 배우러 가서 어진 벗들을 따르고
근심을 씻으려 성인을[1] 대하네.
남은 꽃들이 눈을 즐겁게 하고
조그만 집이 내 몸을 용납할 만하니,
예의가 서투른 듯 질탕하게 놀며
아침이 다하도록 두건도 바르게 쓰지 않았네.

眞

靜居還未穩, 蛙鼓動三隣.
就學從賢友, 消憂對聖人.
餘花猶可目, 小屋亦容身.
跌宕如疎禮, 終朝不正巾.

■
* 장욱(張旭 1789-?)의 자는 우전(又顚)이고 호는 소암(小广)인데, 장혼의 아들이다. 금서사 동인들의 시 64수를 모아 교정하고, 아버지 장혼의 목활자를 빌려서 《금서사갑을선(錦西社甲乙選)》을 간행하였는데, 그의 시가 13수 실려 있다.
1. 삼국시대 위나라 서막(徐邈)이 상서령으로 있을 때에 금주령이 내렸는데, 막이 술을 맘껏 마시고 취했다. 조조가 그 소문을 듣고 성내자 선우보(鮮于輔)가 변명하길, "취객들이 맑은 술을 성인이라 하고, 탁한 술을 현인이라고 합니다"라고 하였다. 그 뒤부터 성현(聖賢)은 청주와 탁주를 가리키는 말로 쓰였다.

금서사 글벗들을 다행스럽게 만나
— 최동익

금서사의 벗들을 다행스럽게 만나
서로 손을 붙잡고 꽃다운 이웃집에 이르렀네.
닭 잡아 밥을 지어 내 벗들을 대접하니
시와 술로써 주인에게 감사하네.
귀 먹은 척해야 평범하게 살기 쉽고
말도 더듬어야 몸을 지키기에 가장 좋더라.
깨끗하고 상쾌하게 가슴속이 넓어지니
두건을 거꾸로 썼다고 거리낄 게 무어랴.

眞

幸逢同社友, 携手到芳隣.
鷄黍留吾子, 詩樽謝主人.
耳聾偏可俗, 語拙最宜身.
灑落胸襟闊, 那嫌倒著巾.

■
* 최동익(崔東益 1791-?)의 자는 사겸(士謙)이고 호는 국사(菊史)이다.

늦봄
— 김호

메꽃이 그윽한 골짜기에 가득한데
산속의 봄이 저물어 가네.
피고 지는 걸 어찌 관계하랴
고요한 가운데 있는 사람일 뿐이니.

暮春

山花滿幽谷, 欲暮山中春.
何曾管開落, 多是靜中人.

---

* 김호(金灝 1794-?)의 자는 원명(元明)이고 호는 수서재(水西齋)인데, 김해 사람이다.

금천 시냇물 서쪽에서
— 정수혁

시 짓고 바둑 두는 벗들이 느지막이 서로 이끌고 찾아와
그윽한 정원을 드나들며 새 우는 소리를 듣는다네.
희미한 달은 성곽 가까이 다가오고 구름은 점점이 이어졌는데
맑은 바람이 다락에 일어 나뭇가지가 흔들리네.
인왕산 아래에서 백년 동안 글솜씨와 칼솜씨를 닦고
금천 시냇물 서쪽에서 거문고도 한자리 베풀었지.
오늘 밤에는 우리 모습을 잊고서 모름지기 술에 취해보세나.
술을 사려고 시냇물을 건너가는 것도 꺼리지 않겠네.

雲村 七首 · 3

詩朋棋客晚相携, 出入深園聽鳥啼.
微月近城雲點綴, 淸風生閣樹高低.
百年書劒仁山下, 一席琴樽錦水西.
此夕忘形須盡醉, 不妨賖酒渡前溪.

---

* 정수혁(鄭守赫 1800-1871)의 자는 의호(宜護)이고 호는 화계(花溪)·소은(小隱)인데, 월성 사람이다. 대대로 규장각 서리로 일하던 집안에 태어나 장혼 집안과도 세교가 있었으며, 18세 되던 1817년에 장혼의 아들 장욱과 함께 금서사(錦西社)를 결성하였다. 동인들이 대부분 금천교 서쪽에 살았으므로 금서사(錦西社)라고 했는데, 살림이 넉넉한 그의 집 화월당(花月堂)에서 자주 모여 시를 짓고 서로 평했다. 이 시들을 모아서 장혼이 1818년에 《금서사 갑을선(錦西社甲乙選)》을 간행했다.

우연히 읊다
— 정수혁

성정이 게을러 성글은 일이 많은데
베개를 베고 높이 시를 읊으니 꿈이 깨어나네.
가랑비가 뜨락을 지나가자 꽃과 풀들이 젖고
가벼운 바람이 나무에 불자 꽃들이 떨어지네.
시름 씻고 흥을 즐기려 술동이엔 술이 찼고
옛책과 요즘 책을 보려 책꽂이엔 책이 가득해라.
화양선인의 부적을 하나 빌리면
도가 높은 벗을 따라 산에 들어가 살리라.

偶吟

性情慵懶事多疎, 欹枕高吟夢起初.
微雨過園芳草濕, 輕風吹樹落花餘.
消愁遣興盈尊酒, 閱古觀今滿架書.
若得華陽符一借, 便隨高友入山居.

느낀 대로 쓰다
— 위완규

시와 서를 오래 폐하기가 어려우니
옛사람의 마음을 볼 수 있기 때문일세.
산 그림자가 내 앉은 자리를 빗겨 지나고
시장 소리가 숲 너머 멀리 들리네.
대숲이 성글어 바람이 옥덩이를 흔들고
솔잎이 수척해 달에서 금빛이 걸러지네.
지극한 즐거움을 밖에서 찾을 것 없어
유유히 문을 닫아 걸고 시를 읊조리네.

卽事

詩書難久廢, 爲見古人心.
山影橫過榻, 市聲遠隔林.
竹踈風撼玉, 松瘦月篩金.
至樂無求外, 悠悠閉戶吟.

■
* 위완규(魏完圭 1791-?)의 자는 군현(君玄)이고, 호는 학고당(學古堂)인데, 장흥 사람이다.

빨래
— 장지완

달 밝은 강마을이 고요한데
시냇가에서 아낙네가 비단을 빨래하네.
한번 빨고는 다시 한번 비비니
소리가 날 때마다 흰 물결이 일어나네.
한번 빨아도 더러움이 많이 가셨으니
두 번 빨면 얼마나 깨끗해질까.
군자의 덕도 갈고 닦지 않으면
흩어지지나 않을까 참으로 두렵구나.

浣紗

月明水村靜, 溪女浣越羅.
一漂復一搗, 聲聲揚素波.
一濯猶薄汚, 再濯潔如何.
誠恐君子德, 判渙少琢磨.

---

* 장지완(張之琬 1806-1867)의 자는 여영(汝瑛)이고, 호는 비연(斐然) 또는 침우당(枕雨堂)인데, 할아버지 장택과 아버지 장덕주를 거쳐 자기 형제에 이르기까지 모두들 율과(律科)에 급제한 율과 집안 출신이다. 인왕산에서 자라난 그는 장혼의 서당에서 만난 글방 친구 장효무, 고진원, 임유, 유기, 박사유, 한백첨 등과 시사를 맺어 평생의 친구가 되었다. 철종 2년(1851) 4월에 기술직 중인들이 모여서 중인들에게도 벼슬길을 열어 달라는 통청운동(通淸運動)을 시도했는데, 그때 상소문을 지을 제술유사로 뽑히기도 했다. 《침우당집》이 전한다.

정수동과 현기를 생각하며
— 장지완

누룩 속에 이름을 감춘 지 삼십여 년
천고의 글을 읽어 제치느라 두 눈동자만 남았네.
하룻밤 서늘한 바람에 나뭇잎들이 붉게 물들었는데
어느 곳 술집에서 취해 누우셨나.

秋日遣懷 二首

麴蘗藏名三十秋. 讀過千古剩雙眸.
凉風一夜多紅葉, 醉臥酒家何處樓.

뜻을 못 이룬 영웅들의 마지막 길이 같아
송인(宋人)의 시구에다 진인(晉人)의 풍일세.
요즘엔 심부름꾼들까지 이름을 알아서
현기와 정수동을 다투어 말하네.

落魄英雄末路同. 宋人詩句晉人風.
如今走卒知名字, 爭說玄錡鄭壽銅.

빗속에 산으로 놀러간 친구들에게
— 고진원

아름다운 약속을 지키지 못했으니
내 게으름이 너무나 부끄러워라.
멍하게 한잠을 자고 났지만
낮그림자가 아직도 더디구나.
나를 따르는 자 그 누구던가.
오직 술밖에 없어,
그대들이 나간 뒤부터는
시를 짓기도 그만 두었다네.
선감(禪龕)에 밤이 차가워지자
근진(根塵)이 맑아지고,
서리 물든 나뭇잎에 가을 깊어지자
색상이 바뀌었네.
멀리 산속을 생각해 보니
오늘 비가 내려서,
국화까지 핀 시절이건만
조촐한 놀이가 시름겹겠구나.

雨中寄游山諸友

疎慵多愧負佳期, 嗒爾閒眠午影遲.
從我者誰惟有酒, 自君之出廢題詩.
禪龕夜冷根塵淨, 霜葉秋深色相移.
遙憶山中今日雨, 淸遊愁煞菊花時.

---

* 고진원(高晋遠 1807-1845)의 자는 근재(近哉)이고 호는 두은(斗隱)인데, 글방 선생이었다. 《풍요삼선》에 이 시 한 수가 남아 있다.

유기의 시에 화운하여 장지완에게 보이다
― 임유

그대들 둘 다 시를 잘 지어
높은 재주로 한나라 당나라 시의 경지를 토했네.
떠도는 신세라서 하찮은 벼슬에 얽매였건만
타향에 살면서도 기개가 높았네.
어두운 창가에는 삼경의 달이 비치고
조그만 연못에는 이끼가 끼었는데,
그리워하면서도 볼 수가 없으니
비오는 가운데 외로운 꿈만 더 길어지네.

和柳文山兼示張玉山

二子詩能善, 高才吐漢唐.
飄零羈小宦, 磊落臥他鄕.
窓暗三更月, 苔侵半畝塘.
相思獨不見, 幽夢雨中長.

---

* 임유(林瑜 1807-1836)의 자는 원유(元瑜)이고 호는 단천(丹泉)이다. 그가 일찍 죽은 뒤에 글방 친구 고진원이 그의 시집을 엮어 주었지만, 현재 전하지 않는다.

가을
— 장효무

지난 밤에 가을 바람이 일어나
그윽한 곳에 살던 마음이 탁 트여지네.
빗발이 그치자 매미들이 울어대고
다락이 고요해서 물소리 더욱 높아라.
지다 남은 잎들이 가지에 외롭게 붙어 있고
반딧불은 어둠 속에서 옷자락에 따르네.
사나운 아전 같던 늦더위가 갔기에
숲속 언덕길을 한가롭게 거니네.

秋意

昨夜秋風起, 居幽意欲豪.
雨歸蟬語集, 樓靜水聲高.
殘葉孤棲樹, 流螢暗點袍.
老炎歸酷吏, 閒步可林皋.

---

* 장효무(張孝懋 1807-1842)는 장혼의 손자이자 장창의 아들이다. 무과에 급제하여 수문장을 지내다가, 중시(重試)에 다시 급제하여 6품으로 뛰어오르고, 절충장군 오위장이 되었다. 그러나 활쏘기와 말타기에 익숙하지 않았으므로, 오위장 벼슬에 오르자마자 그만두었다. 장혼의 제자였던 장지완과 함께 「비연시사」를 결성하였다.

고진원에게
— 유기

정처없는 나그네 생활을 어찌할 수 있으랴.
떠도는 인생 살아가기가 너무 슬프구나.
지금 내 병은 술 때문이고
옛 사람들이 가난했던 탓도 시 때문이었다네.
보리 냄새를 먼저 맡고 옷자락이 얇아지더니
빗소리에 갑자기 깬 꿈마저 더디기만 해라.
그대의 풍치를 보니 매화노인 같아
맑고 마른 사람은 원래가 지켜준다오.

次韻寄近哉

羈旅棲遑詎可爲. 浮生生契已堪悲.
至今我病根從酒, 自古人窮咎在詩.
麥氣先知衣薄薄, 雨聲偏覺夢遲遲.
見君風致如梅老, 淸瘦元來善護持.

---

* 유기(柳 記 1807-1859)의 자는 문산(文山)이고 호는 사포(史逋)인데, 필경(筆耕)을 해서 먹고 살았다. 장혼의 목활자로 간행된 《사포시초》가 전한다.

벼를 거두러 와서
— 정지윤

사립문도 없는 오두막에 관솔불이 타는데
농사얘기 하다보니 밤 늦게야 돌아왔네.
마을에서 마신 막걸리 석 잔에 거나하게 취해
십리 산길 다 오도록 시 짓기를 잊어버렸네.
음식이 거칠다고 내 어찌 꺼리랴.
남과 견주어 적게 거둔다고 부끄럽지도 않네.
백면서생으로 처음 올 적엔 농사일 묻기도 어렵더니
이제는 흙냄새가 얼굴에 흠뻑 배었네.

獲稻東峽戱作

泥戶松燈不設關. 農談相許夜深還.
苦緣村局三杯酒, 全負詩囊十里山.
處我何妨糠粃際, 較人堪愧斗筲間.
初來白面耕難問, 塵土如今已在顔.

■
* 정지윤(鄭芝潤 1808-1858)의 호는 하원(夏園)인데, 태어날 때부터 왼쪽 손바닥에 「수(壽)」자가 쓰여져 있어 스스로 수동(壽銅)이라고 호를 짓기도 하였다. 그래서 흔히 「정수동」이라는 이름으로 더 알려졌다. 추사에게 글을 배우고 역관 일을 하였으며, 묘향산에 들어가 두 번이나 머리를 깎고 중이 되기도 하였다. 미친 짓과 우스개 소리를 잘하여 이름이 났다.

아기가 태어나며
― 정지윤

미치광이로 지내느라고 근엄한 짓도 그만두었지.
다만 이름을 감춘 채 술집에서 죽으면 알맞는 거지.
아기가 태어나서 우는 이유를 그대는 아시는가
한번 인간세상에 떨어지면 만 가지 시름이 따른다오.

疎狂見矣謹嚴休. 只合藏名死酒樓.
兒生便哭君知否, 一落人間萬種愁.

봄이 지나가는 날
— 현기

오늘 지는 꽃이 어제는 붉었으니
십분의 봄빛 가운데 구분이 비었네.
피지 않았더라면 지지도 않았을테니
봄바람을 원망치 않고 계절풍을 원망하네.

春盡日

今日殘花昨日紅. 十分春色九分空.
若無開處應無落, 不怨東風怨信風.

■
* 현기(玄錡 1809-1860)의 자는 신여(信汝)이고 호는 희암(希菴)이다. 정지윤과 함께 이름을 날렸는데, 그가 세상을 떠나자 금강산에 들어가 중이 되려고 추담선자(秋潭禪子)라는 호를 짓기도 했다. 방랑과 술로 세월을 보냈는데, 그의 제자 김석준이 흩어진 시들 가운데 64수를 모아 《희암시략(希菴詩略)》을 간행했다.

한 해를 보내면서 당나라 시인의 시에 차운하다
— 현기

술 속에서 삼백육십일 잠들어 있었더니
꿈 속에서도 무단히 귀밑털이 세었네.
오늘 밤만은 깨어 있으니 무슨 일 때문이던가
일각이 지나면 한 해가 다하기 때문이라네.

守歲步唐人韻

酒中三百六旬眠. 夢裏無端鬢皓然.
今夜獨醒因底事, 要將一刻抵過年.

∎
* 당나라 시인 고적(高適)의 시 〈제야작(除夜作)〉에 차운한 시이다.

소동파의 시에 차운하여 매은에게 보이다
— 현기

배 고프면 밥 먹고 배 부르면 잠자니
좁쌀 같은 인간 세상을 아득한 데다 붙였네.
구름 같은 발자취는 부질없이 바위구멍에서 나오고
고목 같은 성정은 이미 선이 되었네.[1]
천년 세월 흘러 가면서 비(非)가 시(是) 되었고
만상이 어지러워 추(醜)가 연(姸)이 되었네.
눈에 가득한 매화가 지금 그대를 속여
맑은 향기가 시 속으로 들어오지를 않네.

次東坡韻示梅隱

饑時噉飯飽時眠, 一粟人間寄渺然.
踪跡閒雲空出岫, 性情枯木已爲禪.
千秋滾滾非還是, 萬象紛紛醜更姸.
滿眼梅花今負汝, 淸香不與入詩篇.

---

1. 경신년(1860) 겨울에 선생이 김병선을 찾아갔다가, "구름 같은 발자취는 부질없이 바위구멍에서 나오고 / 고목 같은 성정은 이미 선이 되었네." 라는 한 구절을 얻었는데, 몇 달 안되어 선생이 술 때문에 세상을 떠났다. — 최성학 〈현희암선생전〉

정수동과 함께
— 현기

술 익자 차를 끓여 그대를 마주하니
해 저문 인간 세상에 그리워할 사람이 있네.
천 가닥 백발은 새 생활을 꾸리느라 났을테고
한 그루 매화는 옛 사귐을 알려주네.
명산에서 부를 지은 사람은 오직 손작이고
흐르는 물에 거문고를 든 사람은 또한 자기일세.[1]
괴롭게 시 짓기를 즐기는 내가 나 자신도 우스운데
정으로 가득한 애가 끊어져도 시가 이뤄지지 않네.

與鄭夏園共賦

酒香茶熟對君時, 歲暮人間有所思.
白髮千莖新活計, 梅花一樹舊交知.
名山作賦有孫綽, 流水携琴又子期.
吾愛沈吟吾自笑, 情腸欲斷不成詩.

■
1. 춘추시대 초나라 사람인 백아(伯牙)가 거문고를 잘 탔는데, 그가 흐르는 물을 생각하면서 거문고를 타면 그의 친구인 종자기(鍾子期)가 그 소리를 듣고 그의 마음을 알아 주었다. 자기가 세상을 떠나자, 백아는 자기의 거문고 소리를 알아줄 사람이 없다면서 다시는 거문고를 타지 않았다.

수레에서 꿈결에
— 이상적

관복 여미고 앉았다가 문득 잠이 들어
어렴풋한 꿈결에 고향집을 찾았네.
눈 그친 시냇가 집엔 길을 쓰는 이도 없어
한 그루 매화 아래 학 혼자서 문 지키네.

車中記夢

坐擁貂裘小睡溫. 依依歸夢訪家園.
雪晴溪館無人掃, 一樹梅花鶴守門.

정수동이 중 되었다기에
— 이상적

집을 나서면 즐겁고 돌아오면 시름겨워
술주정 미친 노래로 사십 평생 보내더니,
속세의 온갖 인연 다 팽개치고
부처를 믿는다며 머리도 돌리잖네.
사령운처럼 부처가 되려는 건가
관휴처럼 시 짓는 솜씨 뛰어났었지.
강산을 떠돌겠다는 소원 이제 그대로거니와
물병 차고 석장 짚고 그도 풍류세.

聞鄭壽銅入香山爲僧

出家歡喜在家愁, 痛飮狂歌四十秋.
塵世萬緣都撒手, 空門一念不回頭.
未知成佛同靈運, 自是能詩似貫休.
海岳如今償宿願, 雲甁月錫更風流.

오경석을 북경으로 보내면서
— 이상적

옛날에 거짓으로 만든 그림과 글씨
요즘에 참으로 만든 것과 어찌 견주랴.
옛날 것만 보배라고 생각하다니
보는 것이 어린애와 비슷하구나.
북경에는 날마다 시장이 열려
옛날 것이 섶처럼 쌓여 있건만,
겉은 옥으로 꾸며도 속은 거짓이라
자기를 속이고 또한 남도 속이네.
송나라에다 원나라, 명나라라고 말들 하지만
이름과 실제가 거의 어긋나,
여기 저기서 거짓 작품 만들어다가
서시의 효빈을[1] 억지로 닮네.
만당(漫堂)은 깜깜한 밤에도 냄새로 참과 거짓을 알았으니[2]
오묘한 감식 솜씨가 신비한 경지에 들어섰었지.
그대가 예술을 즐기다니 너무 사랑스러워라
옛것을 익혀서 새것까지 아시게나.
문장도 또한 글 그림과 한가지이니
거짓 문체가 보배가 될 수는 없네.

送亦梅游燕 · 2

書畵古之贗, 何如近之眞.
惟古以爲寶, 見與兒童隣.
日下廟市開, 積古等積薪.
玉表珉其中, 自欺復欺人.
曰宋曰元明, 名實太不倫.
紛紛模擬作, 强效西子嚬.
漫堂黑夜嗅, 鑑識妙入神.
愛君游於藝, 溫故而知新.
文章亦一致, 僞體不足珍.

■
1. 월나라 미인 서시(西施)가 가슴이 아파 얼굴을 찡그렸더니, 그 마을의 못생긴 여자 동시(東施)가 그래야만 예뻐지는 줄 알고 자기도 얼굴을 찡그렸다. 못생긴 얼굴에다 찡그리기까지 하자, 마을 사람들이 다 무서워하며 달아났다. 남의 쓸데없는 결점까지도 흉내내는 사람을 비유한 말이다.
2. 송목중(宋牧仲)이 이르길, "어두운 밤중에 글이나 그림을 만져보며 냄새만 맡고도 참인지 거짓인지를 구별할 수 있다"고 했다. (원주)
   원문의 만당(漫堂)은 청나라 시인 송락(宋犖)의 호이고, 목중(牧仲)은 그의 자인데, 그림도 잘 그리고 감식안도 뛰어났다.

노량진 사육신 사당에서
― 유경원

낡은 사당이 처량하게 서서
사람들을 슬픔에 잠기게 하네.
가을 바람은 옛 자취를 슬프게 하고
밝은 햇빛은 일편단심을 비춰 주네.
텅 빈 포구에는 물안개 일고
거친 들판에는 나무만 자랐는데,
외로운 마을에 저녁노을이 어둑해지자
새들도 슬픈 소리를 보내네.

鷺梁六臣祠

古廟悽凉立, 令人感慨深.
秋風悲舊跡, 白日照丹心.
空浦惟煙浪, 荒原自樹林.
孤村夕陽暝, 鳥雀送哀音.

* 유경원(劉璟源)의 자는 보선(寶善)이고 호는 삼락재(三樂齋)이다. 탐진 사람인데 오위장 벼슬을 하였다.

그리움
— 김성희

고개 머리의 한 조각 구름이
날아왔다가 또 날아가네.
나도 한 조각 구름 따라
님 계신 곳에 날아가고 싶어라.

懷人

一片嶺頭雲, 飛來又飛去.
願隨一片雲, 飛到相思處.

---

* 김성희(金誠熙)의 자는 효경(孝卿)이고 호는 국포(菊圃)인데, 평민시인 김백령의 아들이며 김경희의 아우이다.

달밤
― 김준희

차가운 달빛이 뜨락에 가득해
휘영청 밝기가 대낮 같구나.
산속의 저 개는 왜 저리 짖나
낙엽이 바람결에 뒹구는 소리건만.

月夜

寒月滿庭中, 皎明淸晝同.
緣何山犬吠, 落葉鬪溪風.

---

* 김준희(金濬熙)의 자는 문유(文有)이고 호는 치암(癡庵)인데, 평민시인 김수령(金秀齡)의 아들이다.

제주도 망양정에서
— 강위

기쁘기도 하고 놀랍기도 해라.
어린 몸으로 어찌 여기까지 혼자 왔던가.
별세계라도 가듯 눈물 흘리며 집 떠났건만
돛단배로 바다 건너와 스승을 뵈었네.
구슬이 적수에 떨어지자 찾기가 어려웠고
두 칼이 연평진에서 합해진 것도 결국은 정이 있었지.
물결 자취를 이제부터는 다듬지 않을 테니
만리 창파에 한갓 부평초 같은 신세일세.

濟州望洋亭却寄鄭蓉山記注 · 2

也宜歡喜也宜驚. 年少胡爲此獨行.
雙淚辭家如隔世, 一帆過海見先生.
珠沈赤水疑難得, 劍合延津竟有情.
浪跡從今休更理, 滄波萬里一浮萍.

■
* 강위(姜瑋 1820–1884)의 자는 위옥(韋玉) 또는 요장(堯章)이고, 호는 추금(秋琴) 또는 고환당(古歡堂)이다. 청추각(聽秋閣)이라는 호를 쓰기도 했는데, 그가 가을 소리를 듣기 위해서 공중에다 세웠다는 상상 속의 집이다. 추사 김정희가 1840년 옥사에 얽혀 제주도 대정현으로 유배되자, 그는 수륙 이천리 먼길을 찾아가 추사에게 글 배우기를 청했다. 여기서 3년 동안 글을 배우다가, 1848년 김정희의 유배가 풀리자 함께 돌아왔다. 김옥균 등의 개화파들과 어울리며 일본에 드나들었고, 청계천 광교 부근에서 젊은 평민 지식인들과 자주 어울리며 시를 지었다. 《고환당수초(古歡堂收艸)》 17권이 광인사에서 간행되어 전한다.

나가사끼로 가는 배에서 벼슬을 받고
— 강위

일흔 살 산늙은이가
한 장 임명장을 받아들고는,
갑자기 눈물이 흘러
나그네 적삼을 가득 적시네.
한미한 집안이라 요즘 가업으로는
활쏘기와 말타기나 대를 이어 해왔는데,
선비에게나 내리시는 은총과 영광이
분에 넘치게 내게 이르렀네.

長崎舟中見家兒書余間蒙天恩授繕工監假監役之啣感恩含涕率成一絶

七十山翁一命啣. 忽聞涕淚滿征衫.
寒門近業傳弓馬, 儒素恩光分外覃.

■
* 그는 1882년 3월에 김옥균을 따라 일본에 갔는데, 나가사끼로 가던 배 안에서 "선공감 가감역(종9품) 벼슬이 내려졌다"는 아들의 편지를 받고 감격하여 지은 시이다. 이 시에는 "우리 집안이 가업을 바꾸어 무과에 응시한 이래로 유가(儒家)의 벼슬을 처음 받았다"라는 주가 붙어 있다.

그리운 사람들
— 김석준

희암 현기
살아선 집이 없고 죽어선 자식이 없어
퍼 마시고 미친 듯 노래 부르며 오십년을 살았네.
폐와 간이 갈라져 그 시름을 씻어낼 수 없건만
시 한 수를 만호의 제후보다도 가볍게 여겼네.

玄希菴錡

生無家室死無子, 痛飮狂歌五十秋.
杈枒肝肺愁難滌, 一首詩輕萬戶侯.

우봉 조희룡
우봉은 그림도 잘 그리고 시도 뛰어나
가슴 속의 남다른 생각이 얽매이지 않았네.
붓놀림이 오로지 추사의 필법을 따랐으니
종횡으로 붓을 휘둘러 더욱 기이해라.

趙又峰熙龍

又峰工畵又工詩. 磊砢胸中思不羈.
用筆專宗秋史法, 縱橫亂抹轉多奇.

* 김석준(金奭準 1831-1915)의 자는 희보(姬保)이고, 호는 소당(小棠) 또는 연백당(研白堂)이다. 1852년 식년시 역과에 합격하여 한학역관으로 활동했으며, 첨지중추부사에 이르렀다. 처음에는 역관시인 이상적에게 시를 배웠으며, 육교시사(六橋詩社) 동인들의 모임터였던 광교 옆의 해당루에 자주 찾아가서 강위에게도 시를 배웠다. 1869년에는 자기가 그 동안 외국을 드나들면서 만났던 사람들을 생각하는 시 82수를 지어 《회인시록(懷人詩錄)》을 간행하고, 그 뒤에 지은 시 119수를 정리하여 1903년에 《속회인시록(續懷人詩錄)》을 필사본으로 엮었다.

나가사끼항에 이르러서
― 김득련

바다 위 산봉우리가 기이하더니
뱃사람이 가리키며 나가사끼라 하네.
일본의 경장을[1] 이로써 보니
집이며 거리 항구가 모두 서양식이군.

抵長崎港

海上峰巒忽逞奇. 舟人指點是長崎.
和國更張從此見, 屋樓街港盡西規.

■
* 김득련(金得鍊 1852-?)의 자는 윤원(允元)이고 호는 춘파(春坡)인데, 역과에 합격해 한학봉사(漢學奉事) 교회(敎誨)를 지냈다. 1896년에 니콜라이 2세가 러시아 황제로 즉위하면서 대관식을 거행하게 되자, 우리 나라에서는 민영환을 특명 전권공사로 파견하였으며, 중국어 역관 김득련이 2등참사관으로 수행하였다. 갈 때에는 태평양과 대서양을 건너갔으며, 올 때에는 시베리아대륙을 횡단했는데, 세계일주를 하면서 읊은 시 136수를 모아 일본에서 《환구음초(環璆唫艸)》를 간행하였다.
1. 그가 세계일주를 떠나기 2년 전에 조선에서 갑오경장이 실시되었다. 당시 일본에서는 명치유신이 자리를 잡고 있었는데, 그는 일본의 유신을 조선식으로 경장이라 표현하였다.

캐나다에서 기차를 타고 구천리를 가면서
— 김득련

철로를 타고 가는 기차바퀴가 나는 듯 빠르구나.
가건 쉬건 마음대로 조금도 어김이 없네.
이치를 꿰뚫어 이 법을 알아낸 사람이 그 누구던가.[1]
차 한 잎을 달이다가 신기한 기계를 만들어냈네.

坎拿大乘大輪車向東行九千里

汽輪駕鐵迅如飛. 行止隨心少不違.
透理何人知此法, 泡茶一葉創神機.

---

1. 차 주전자에 물을 끓이다가 수증기 기운으로 주전자 뚜껑이 들썩거리는 것을 보고 증기기관을 발명한 제임스 와트의 이야기이다.

러시아의 관병식을 보고 돌아와서
― 김득련

이 나라 병력이 유럽에서 으뜸이라
땅을 널리 개척하고 태평성세를 이루었네.
이미 진나라를 본받아 더욱 부강해지며
상하가 한마음으로 지극한 정치를 이루었네.
슬프다. 우리 군대 이야긴 어디 가서 들을 수 있나.
다만 눈으로 본 것을 기록에 올릴 뿐이네.
술기운이 거나해지자 기백은 더욱 호탕해지건만
칼 짚고 하늘 보며 부질없이 한숨만 쉬네.

觀兵式歸題長句

此國兵力冠歐洲, 廣拓土宇太平致.
已效嬴秦益富强, 上下一心做至治.
嗟我談兵何所求, 只將目擊登諸記.
醉來膽氣猶麁豪, 仗劍看天空發喟.

러시아에 파견된 젊은 외교관에게
— 김득련

젊은 선비들이 장한 외유를 많이 했으니
지난해엔 미국, 올해엔 유럽, 돌아서 러시아에 들어왔네.
각 나라의 정치와 법을 모름지기 모두 익혀서
뒷날 정치를 도와 잘못된 세상을 바로잡으소.

贈小石

英年學士壯遊多. 昨美今歐轉入俄.
各國政規須盡習, 佐治他日鎭騷訛.

----

* 러시아에 외교관으로 파견되어 있던 비서랑 민경식(閔景植)에게 지어준 시이다.

러시아에 살면서 말과 글을 배워
— 김득련

러시아에 살면서 말과 글을 배워
듣고 본 것이 많을 테니 진리의 근원을 찾아보게나.
조선으로 돌아오면 치평책을 올려
조금이라도 성은에 보답할 것만 생각하게나.

贈月山

因住俄邦學語言. 見聞多處溯眞源.
歸時將獻治平策, 一念涓埃答聖恩.

∎
* 러시아에 외교관으로 파견되어 있던 참서관 주석면(朱錫冕)에게 지어준 시이다.

부 록

시정신에는 신분의 귀천이 없어
原詩題目 찾아보기

시정신에는 신분의 귀천이 없어

조선왕조 후기에 오면 양반 사대부 계층이 아닌 중인(中人) 및 그 아래의 상민(常民), 천민(賤民)들 중에서도 한시에 뛰어난 재주를 보여 유명해진 인물들이 많이 나오게 된다. 신분계층의 개념에 따라 이들을 평민(平民)이라 지칭한다면 이들에 의해 지어진 한시들을 평민 한시(平民漢詩)라고 부를 수 있겠거니와, 그 당시에 이들을 지칭하는 말로서 위항인(委巷人) 또는 여항인(閭巷人)이란 용어도 많이 쓰였으므로 이들의 문학을 가리켜 위항문학·여항문학이라고도 부른다.

위항(또는 여항)이란 원래는 좁은 골목길이란 뜻으로서 문벌이 높은 사대부들에 대칭하여 신분이 낮은 서민들을 가르키는 데 사용된 말인데, 조선후기 문학에 있어서 위항문학이란 중인계층이 중심을 이루면서 아래의 상민, 천민까지도 포괄하여 전개했던 평민들의 한시 창작활동을 지칭하는 개념이다.

대개 서리(胥吏) 또는 의·산·율·역(醫·算·律·譯)학을 맡은 각 관청의 하급 실무자였던 이들 중인들은 비록 한문 실력이 뛰어나 사대부에 필적할 만하더라도 신분제도 때문에 높은 벼슬에의 진출은 막혀 있었던 계층인데, 주로 서울에 거주하던 인물들을 중심으로 그들 나름대로의 독자적인 시사(詩社-한시 창작을 위한 일종의 모임)를 결성하여 한시를 창수(唱酬)하며 시집을 편찬하는 등 활발한 활동을 전개하여 국문학사에서 주목되고 있다.

위항시인들의 한시가 문학사에 부각되기 시작한 것은 홍세태(洪世泰:1653~1725)가 숙종 38년(1712)에 《해동유주》(海東遺珠)를 편찬하면서부터이다. 이보다 조금 앞서 중인 서리 출신이었던 최기남(崔奇男:1586~1660년경), 남응침(南應琛), 정예남(鄭禮南), 김효일(金孝一), 최대립(崔大立), 정남수(鄭楠壽) 등 6인의 시를 모은 《육가잡영》(六家雜詠:1668)이란 시집이 나왔는데 이 시기를 위항문학의 요람시대라 한다면, 이를 거쳐서 나온 홍세태의 시대는 위항문학의 대두시대라 할 수 있다.

당시 서울의 백련봉에서 필운대에 이르는 북부지역에는 중인계층들이 많이 모여 살고 있었는데 이들 중 임준원(林俊元), 홍세태, 유찬홍(庾纘洪), 최승태(崔承太) 등 여러 사람이 자주 모여서 시회(詩會)를 열곤 하여 유명하였다. 이 모임을 낙사시회(洛社詩會)라 지칭하기도 하는데, 여기에 참여한 위항인들의 시를 중심으로 해서 최초의 본격적인 위항시집인 《해동유주》가 편찬되었다.

《해동유주》는 위항문학의 연원과 계통을 이루는 가장 선배 위항시인인 박계강(朴繼姜), 정치(鄭致), 유희경(劉希慶:1545~1636), 백대붕(白大鵬) 등과 최승태의 부친이며 임준원의 스승이었던 최기남 등 《육가잡영》의 동인들을 포함하여 총 48인의 230여 편을 수집, 편찬한 것이다. 《해동유주》의 간행으로 비로소 역사적 위치를 확립한 위항문학은 그 후 근 200여 년에 걸쳐서 평민들의 시만을 모은 위항시집을 편찬하는 집념을 보여주고 그 창작활동 역시 성황을 이루며 전개되어 이채를 띤다.

바로 25년 후인 영조 13년(1737. 丁巳年)에는 고시언(高時彦)·채팽윤(蔡彭胤) 등의 노력으로 《소대풍요》(昭代風謠)가 간행된다. 이는 위항시인 162명의 한시 660여 편을 각 시체(詩體)별로 분류하여 9권 2책 속에 수록한 것으로서 범위항시단(汎委巷詩壇)을 총망라하려는 의지가 여실히 나타나 있다.

이러한 강렬한 의지는 계속 이어져서 이후 매 60주년이 되는 정사년(丁巳年)마다 《풍요속선》(風謠續選:1797), 《풍요삼선》(風謠三選:1857) 등이 편찬되었다.

《풍요속선》은 《소대풍요》 이후에 쏟아져 나온 위항시인들의 시를 송석원시사(松石園詩社)의 장혼(張混)이 중심이 되어 수집, 편찬한 것이다. 송석원 시사는 위항시인들만의 본격적인 시사(詩社) 활동이 그 절정을 이룬 그룹으로서, 장혼 외에 천수경(千壽慶), 김낙서(金洛瑞), 박윤묵(朴允默), 조수삼(趙秀三) 등의 명가(名家)가 참여하여, 양반 사대부들조차 그 모임을 흠모할 정도로 성황을 이루었다. 위항시인들 나름대로의 독자적인 그룹활동이 그 어느 사대부들의 그룹보다도 찬연하게 빛을 보인, 실로 위항문학의 전성시대를 구가하던 배경 속에서 《풍요속선》은 편찬되었다.

《풍요삼선》 역시 60년만에 총 305명의 작품을 유재건(劉在建), 최경흠(崔景欽) 등이 편찬하였는데, 이는 주로 직하사(稷下社) 멤버들에 의해 이루어진 것이다.

직하사는 송석원시사 만큼 활동하지 못했지만 전기집(傳記集)으로서 매우 귀중한 가치를 지닌 《이향견문록》(里鄕見聞錄:유재건), 《호산외사》(壺山外史:조희룡), 《희조질사》(熙朝軼事:이경민) 등의 저술을 남겨, 그들이 위항문학에 대하여 얼마나 뚜렷한 인식을 가지고 있었던가를 알게 한다.

《풍요삼선》 이후 다시 60년이 되던 1917년에 《풍요사선》(風謠四選)의 편찬을 위한 움직임이 있었으나, 갑오경장 이후에 신분계급이 타파되었기 때문에 굳이 신분을 들먹일 필요가 없다는 이유에서 무산되었다. 이 해에 장지연(張志淵) 등에 의해 편찬된 《대동시선》(大東詩選)의 후반에 《풍요삼선》 이후의 위항시가 대부분 수록됨으로써 이들의 욕구는 대체로 해소된 셈이었다. 이같이 200여 년에 걸쳐 위항시인들이 그들 나름의 시집을 편찬해 온 집요한 노력에 의해 사대부들의 한시 창작활동과 구별되는 위항문학의 개념이 성립되었으며, 그것은 평민한시의 주류로서 주목받게 되었다.

이들 위항시인들이 지니고 있었던 시의식(詩意識) 및 그들 작품이 보여주는 시세계는 어떠했는가? 그들은 신분 때문에 벼슬길은 제한되어 있었더라도 한시 창작만은 사대부들에게 뒤떨어질 것이 없다고 생각했으며, 시 또는 시정신에 관한 한 모든 인간은 신분의 귀천에 관계없이 동등하다는 평등의식을 강조했다. 또한 평민인 그들의 시야말로 동양 시정신의 전범(典範)으로 꼽히는 《시경》과 《악부》(樂府)의 전통에 부합되는 것이라고 주장했다.

홍세태는 《해동유주》의 서문에서 "시란 하늘로부터 부여받은 인간의 성정(性情)을 언어로 표출한 것으로서 이는 신분의 귀천에 관계없이 한가지이다"고 했다. 또 거기에 실린 위항인들의 시야말로 천기(天機)를 담은 '참된 시(眞詩)'이며 따라서 공자가 읽어 보더라도 (공자가 《시경》을 삼백여 수로 정리했다는 관점에서) 신분이 미천하다는 이유로 버리지는 않았을 것이라고 했다. 민간(民間)의 평민들 작품으로서 《시경》에 수록되어 있는 예들을 상기시키면서, 위항인들의 시야말로 평민들의 노래라는 점에서 《시경》의 시정신에 부합되는 것이라고 자부하고 있다.

아울러 위항시들이 여항의 민풍(民風)을 반영하고 있다는 의식 아래에서, 한(漢) 무제(武帝) 때에 악부란 관서를 설치하고 민간의 노래를 수집하여 풍속을 관찰했던 데서 유래한 악부시(樂府詩)의 전통에도 부합되는 것이라 했다. 그리하여 위항시집들에 실린 작품들이 그 문학적 본질에 있어서는 실제

그와 뚜렷이 차이나는 것임에도 불구하고, 《시경》과 《악부》의 민풍 반영이란 전통을 계승했다는 의미에서, 그리고 거기에 비견할 만한 가치를 지닌 작품들이란 자부심에서 시집에 '풍요'라는 제목들을 붙여왔던 것이다.

위항시인들은 자주 천기(天機)가 표출된 시가 훌륭한 시라고 말했는데(홍세태, 정래교), 여기서 천기란 하늘로부터 부여받은 순수한 성정(性情)이 세속적인 물욕에 의해 더럽혀지지 않고 보전된 상태를 의미하는 것이다. 사대부들은 벼슬을 위해 과시(科詩)에 힘쓰고 또 명리(名利)에 얽매이기 쉬운 데 반해, 위항인들은 그렇지 않으므로 천기가 표출된 좋은 시를 쓸 수 있다는 논리가 여기에서 나오기도 한다. 또한 성령(性靈-장혼), 신사(神思)와 신법(新法-조수삼) 등을 강조하여 격식에 얽매이지 않는 개성적인 표현, 자유정신의 발휘 등을 중요시하는 입장을 취하기도 했다. 이와 같은 일련의 시의식은 공리적(功利的)인 효용론(效用論)에 입각한 재도적(載道的) 문학관으로부터 벗어나 개성적인 표현의 자유를 추구하고 있다는 점에서 근대적인 문예의식에 접근해 가고 있다고 할 수 있을 것이다. 이러한 경향에 연유해서 이들의 시문(詩文)이 도학파(道學派)적인 것보다 사장파(詞章派)적인 것이 우세하다는 지적도 나오고 있다.

이들의 시는 전통적인 한시의 형식이나 격조로부터 과감히 탈피하는 적극성은 보여주지 못했지만, 사대부들만이 형성했던 관각문학(館閣文學)의 세계와는 거리가 먼 그들 나름의 시세계를 추구하였다. 벼슬길에 구애되지 않았으므로 비교적 자유롭게 자신들 나름대로 여항간에 은거하여 유유자적하면서 풍류를 즐기는 여유를 갖는 등, 독자적이고도 개성적인 세계를 추구하기도 했으며, 때로는 세상에 쓰이지 못하는 데서 오는 불만과 비분강개를 토로하기도 했다. 간혹 조수삼의 《추재기이》(秋齋紀異)처럼 서민들의 세태(世態)와 풍정(風情)을 묘사한 작품들도 나왔다.

평민들의 한시는 조선후기에 새롭게 대두된 서민문학과 그 궤를 함께 해서 의의가 인정될 수 있다. 한시가 사대부들만의 전유물에서 벗어날 수 있게 하고, 또 그것이 평민들에 의해서도 얼마든지 훌륭하게 지어질 수 있고, 즐겨질 수 있다는 것을 보여준 이들의 역량은 신분제도가 타파되면서 서민문학이 주도권을 잡게 되는 근대문학의 시대를 예비했으며, 서민들의 상승되고 신장된 문학적 역량을 보여주었다. 위항문학의 오랜 세월에 걸친 활발하고도 집요한 전개과정은 개화기의 새로운 문명 개화운동에서 중인계층이 담당했던 중요한 역할을 가능케 했던 하나의 토대로서도 그 의미가 부여될 수 있다.

그러나 평민 한시는 한자를 사용한 한시란 점에서 순수한 우리말을 구사한 판소리·사설시조·평민가사·국문소설 등이 보여주는 서민문학의 세계와는 일정한 거리를 갖고 있었다. 풍자와 해학을 마음껏 구사하며 평시조의 형식을 과감히 깨뜨렸던 사설시조와 같이 획기적인 변모는 보여주지 못한 채, 전통적인 한시의 틀 속에 머물면서 다만 사대부계층의 귀족문학과 평민계층의 서민문학 사이의 중간자적 역할을 담당했다고 평가할 수 있다.

이경수(강원대학교 국어국문학과 교수)

찾아보기 · 原詩題目

述懷 · 16
流民嘆 · 18
贈人 · 20
烏江懷古 · 22
對酒招白萬里 · 23
佛頂臺別徐佐郞 · 24
次鄭孝純韻 · 25
秋夜 · 27
月溪途中 · 28
懷癸娘 · 29
扈衛新溪縣聞捷報喜而賦之 · 30
次崔英叔奇男韻 · 31
次鄭可遠韻 · 32
醉吟 · 33
秋日 · 34
題贈鄭可遠 · 35
石城途中 · 36
曉行 · 37
次龜谷居士學堂韻 · 1 · 38
漫興 · 39
次雲谷處士寄韻 · 40
潘舘伏次金相淸陰大爺韻 · 41
閑中謾吟 · 42
閑中用陶潛韻 · 43
玉湖書屋次韻 · 44
久滯溫泉擬杜工部同谷七歌 · 2 · 45
久滯溫泉擬杜工部同谷七歌 · 4 · 46
謝林子昭俊元與友來訪 · 47
怨詞 · 48

謝二客月夜來訪 · 50
和陶靖節自挽詩 三章 · 1 · 52
直中題酬唱錄 · 53
醉吟 · 54
古松 · 55
過齊侯墓 · 57
漫興 · 58
感興 · 59
碧霞潭洞 · 60
悼亡 · 61
宿極樂庵 · 62
寄法雄禪師 · 63
送崔英叔遊湖右 · 64
遣興 · 65
感懷用洪秀才韻 · 66
感懷用洪秀才韻 · 67
擬古用李白韻 二首 · 2 · 68
哀金將軍用菊潭韻 · 69
題華山記興後 · 71
戊戌記感 · 72
短劍篇 · 74
壺山舘次板上韻 · 75
觀乞者有感 · 77
秋夜書懷 · 78
題崇禮門樓壁 · 79
秋夜長 · 81
六臣祠 · 82
登西城 · 83
送族弟 · 84

原詩題目·찾아보기

秋懷·85
湫子島懷古·86
苦寒行·87
過松都·88
自歎·89
庭草交翠·90
獨酌·91
酒功·95
春興·96
題畵·97
久旱感懷二首·2·98
刊集戒·100
歎歲歎·101
見卞氏婦書·104
偶吟·105
擔夫嘆·107
衙衙居室·1·108
衙衙居室·3·108
衙衙居室·4·109
衙衙居室·10·109
衙衙居室·13·110
衙衙居室·32·110
衙衙居室·81·111
衙衙居室·119·111
衙衙居室·120·112
衙衙居室·145·112
出山·113
朝見松石軸次韻·114
中秋小集·115
次景老 二首·2·116

有足腫或戒止酒戲答 二首·1·117
知世浦雜詩 三首·1·118
充軍日漫成·119
廢村·120
乙亥歎 十首·1·121
乙亥歎 十首·8·122
閑居·123
玉磬山房茶會用劉隨州韻·125
答賓 三首·3·126
疊韻題園壁·127
添齒·130
宿廣亭·131
宿牟陽館·132
寡婦歎·134
七賢悼亡詩·好古齋·135
七賢悼亡詩·而已广·135
糴政·136
農謠九首·1·137
農謠九首·2·137
農謠九首·3·138
農謠九首·4·138
農謠九首·5·139
農謠九首·6·139
農謠九首·9·139
客至·141
風雪中織戶孤坐適有邨童捕野鴨來售以十錢易之乃放之·143
逃婢·145
眞·146

찾아보기 · 原詩題目

眞 · 147
暮春 · 148
雲村 七首 · 3 · 149
偶吟 · 150
卽事 · 151
浣紗 · 152
秋日遣懷 二首 · 153
雨中寄游山諸友 · 155
和柳文山兼示張玉山 · 156
秋意 · 157
次韻寄近哉 · 158
獲稻東峽戲作 · 159
春盡日 · 161
守歲步唐人韻 · 162
次東坡韻示梅隱 · 163
與鄭夏園共賦 · 164
車中記夢 · 165
聞鄭壽銅入香山爲僧 · 166
送亦梅游燕 · 2 · 168
鷺梁六臣祠 · 169
懷人 · 170
月夜 · 171
濟州望洋亭却寄鄭蓉山記注 · 2 · 172
長崎舟中見家兒書余間蒙天恩授繕工監假監役之啣感恩含涕率成一絶 · 173
玄希菴錡 · 174
趙又峰熙龍 · 175
抵長崎港 · 176
坎拿大乘大輪車向東行九千里 · 177
觀兵式歸題長句 · 178
贈小石 · 179
贈月山 · 180

이 책을 옮긴 **허경진**은
1974년 연세문화상을 받고 연세대학교 국문과를 졸업했다.
1984년 같은 대학원에서 박사학위를 받았으며
목원대학교 국어교육과 교수와 열상고전연구회 회장을 거쳐,
현재 연세대학교 국문학과 교수이다.
주요 저서로『조선위항문학사』,『대전지역 누정문학연구』
『허균』,『허균 시 연구』등이 있고
역서로는『다산 정약용 산문집』,『연암 박지원 소설집』,
『매천야록』,『서유견문』,『삼국유사』,『택리지』,
『한국역대한시시화』,『허균의 시화』가 있다.

韓國의 漢詩 20
平民 漢詩選

옮긴이 · 허경진
펴낸이 · 이정옥
펴낸곳 · 평민사
1987년 12월 26일 초판   1쇄 발행
1994년 10월 28일 초판   3쇄 발행
1996년 4월 10일 개정판(1차) 1쇄 발행
2001년 8월 20일 개정판(2차) 1쇄 발행
주소 · 서울시 서대문구 남가좌2동 370-40
전화 · 375-8571(영업), 375-8572(편집)
팩시 · 375-8573
등록번호 · 제10-328호

값 6,500원

ISBN 89-7115-150-1 34810
ISBN 89-7115-010-6 (세트)

* 인지가 없거나 잘못 만들어진 책은 바꾸어 드립니다.